Karl Jaspers
Die Idee der Universität

Reprint

Springer-Verlag Berlin Heidelberg New York

1980

CIP-Kurztitelaufnahme der Deutschen Bibliothek:

Jaspers, Karl:
Die Idee der Universität/Karl Jaspers. – Reprint [d. Ausg. Berlin, 1946]. –
Berlin, Heidelberg, New York: Springer, 1980.

ISBN 3-540-10071-7 Berlin, Heidelberg, New York
ISBN 0-387-10071-7 New York, Heidelberg, Berlin

Reprographischer Nachdruck: Proff GmbH & Co. KG, Bad Honnef

2120/3111-54

Vorwort.

Die Zukunft unserer Universitäten, sofern ihnen eine Chance gegeben wird, beruht auf der Wiedererneuerung ihres ursprünglichen Geistes. Seit einem halben Jahrhundert war er langsam im Sinken, zuletzt tat er den tiefsten Fall. Zwölf Jahre haben an der moralischen Vernichtung der Universität gearbeitet. Jetzt ist ein Augenblick, in dem Dozenten und Studenten zur Besinnung auf ihr Tun gedrängt sind. Wo alles wankt, wollen wir zu unserem Teil wissen, wo wir stehen und was wir wollen.

Bei der Wiedererrichtung der Universität ist die Rückkehr zu unseren besten Überlieferungen durch gegenwärtige Neuschöpfung eine Schicksalsfrage unseres geistigen Lebens überhaupt. Wir tragen die Verantwortung für das, was aus uns werden soll. Nur unser tiefster Ernst kann noch verwirklichen, was möglich ist.

Unter dem Titel „Die Idee der Universität" habe ich schon im Jahre 1923 eine nun längst vergriffene Schrift veröffentlicht. Die vorliegende ist keine zweite Auflage, auch nicht eine Umarbeitung, sondern auf Grund der Erfahrung der beiden letzten schlimmen Jahrzehnte ein neuer Entwurf. Nur einzelne Stellen der alten Schrift sind verwendet.

Heidelberg, Mai 1945.

Karl Jaspers.

Inhaltsverzeichnis.

SCHRIFTEN DER UNIVERSITÄT HEIDELBERG

HEFT 1

DIE IDEE
DER UNIVERSITÄT

VON

KARL JASPERS

PROFESSOR DER PHILOSOPHIE AN DER UNIVERSITÄT HEIDELBERG

BERLIN

SPRINGER-VERLAG

1946

Geleitwort zur Reprintausgabe

Der Gedanke des Verlegers, diese längst vergriffene Schrift aus der frühen Nachkriegszeit noch einmal herauszugeben, verdient Dank und Zuspruch vor allem durch Mitglieder der Universität. Das psychiatrische, philosophische und zeitkritische Werk des bedeutenden Denkers, wirksamen Schriftstellers und Heidelberger wie Basler Hochschullehrers Karl Jaspers (1883–1969) hat seinen Rang auch nach dem Tod des Autors behauptet. Mehrere Schriften haben posthum Neuauflagen erfahren. Zu ihnen gehört das erstmals 1931 erschienene Buch über „Die Geistige Situation der Zeit", in dem zu lesen steht (8. Abdr. d. 1932 bearb. 5. Aufl., 1979, S. 96): „Symptom der Unruhe unserer Zeit um die Erziehung ist die Intensität pädagogischen Bemühens ohne Einheit einer Idee, die unabsehbare jährliche Literatur, die Steigerung didaktischer Kunst ... Es werden Versuche gemacht und kurzatmig Inhalte, Ziele, Methoden gewechselt. Es ist, als ob die Freiheit des Menschen, die errungen wurde, sich selbst aufgebe in der leeren Freiheit des Nichtigen".

In seinem langen Gelehrtenleben befaßte sich Jaspers immer wieder mit erzieherischen Fragen und mit dem Sinn der univeritas. Seine Grundgedanken über „Die Idee der Universität" legte er bereits 1923 in einem Büchlein von 81 Seiten vor (im Verlag Julius Springer, Berlin). Nach dem Ende der nationalsozialistischen Gewaltherrschaft, die er als Geächteter und Verfolgter überdauert hatte, nahm er sich des Themas erneut an: die vorliegende Publikation bildet die Frucht leidvoller Erfahrungen und zusätzlicher Gedanken. Ein inhaltlicher wie zeitlicher Zusammenhang verbindet sie mit einer dem Neuaufbau der Heidelberger RUPERTO CAROLA dienenden Rede, die in dem 1947 von Karl Heinrich Bauer herausgegebenen Sammelband „Vom neuen Geist der Universität, Dokumente, Reden und Vorträge 1945/46" (S. 113–132), erschien. Der Vortrag ließ sich leiten von der bis 1933 und dann nach dem Krieg wieder am Heidelberger Kollegiengebäude stehenden Gundolfschen Inschrift: „Dem lebendigen Geist". Jaspers machte sich Gundolfs Wort zu eigen: „Die Idee der Universität ist der lebendige Geist". Weil die reale Universität ständig von ihrer Idee abfalle, gelte

es, an der „jederzeit notwendigen Wiederherstellung" zu
arbeiten. Die „Treue zur Humboldtzeit" verbiete radikale
Neuschöpfungen. Eine Rückkehr zu der „für uns klassischen
Zeit der deutschen Universität" freilich schlössen die verän-
derten staatlichen, gesellschaftlichen und persönlichen Verhältnisse aus. Die alten und bleibenden Aufgaben der Universität erforderten eine Erneuerung unseres Denkens. Mit
historischem Urteilsvermögen suchte der Autor die traditio-
nellen, gültig bleibenden Ansprüche zeitgemäß fortzubilden
und zu konkretisieren.

Noch zu Lebzeiten des Philosophen erfuhr das deutsche
Hochschulwesen tiefgreifende Umbrüche wie nie zuvor seit
seinen Anfängen im Mittelalter. Der Wandel begann in den
späten fünfziger Jahren. Der Wissenschaftsrat nahm seine
Arbeit auf. Neu gefügte Universitäten traten ins Leben. Vom
Kolleggeld bis zum Personalaufbau reichten die Veränderun-
gen. Die Zahl der Studenten wie der Hochschullehrer schwoll
mächtig an, vervielfachte sich in wenigen Jahren. Die Landes-
gesetzgeber etablierten die Gruppenuniversität, in deren
Selbstverwaltung sich hinfort die Professoren, die übrigen
Hochschulbediensteten und die Studenten teilten. Im Jahre
1969 erhielt der Bund die Gesetzgebungskompetenz für
Rahmenvorschriften über die allgemeinen Grundsätze des
Hochschulwesens. Neuerliche Legislationen, Novellen und
Richtersprüche folgten. Den Umbau des inneren Gefüges der
Hochschule und ihrer Organisation begleiteten die Jugend-
revolte und mancherorts schlimme Rechtsbrüche. Mit dem
gewaltigen äußeren Wachstum der Personalstände und Haus-
halte konnte das innere nicht Schritt halten. Schnellbau-
architektur und Massenbeförderungsschübe schufen zusätz-
liche Probleme. Auch die Zwangswirtschaft bei vielen Stu-
dienplätzen erzeugte neue Übel. Straff reglementierte Stu-
diengänge mit schulmäßiger Hierarchie von Kursen und
Fächern beschnitten die traditionelle akademische Freiheit
oft empfindlich. Die Atmosphäre hellte sich nach dem Ab-
ebben der Studentenunruhen nicht deutlich spürbar auf.
Vielmehr breiteten sich in der Anonymität der Massenhoch-
schule unter den Studenten Platzängste und Berufsnöte aus.
Die ungelösten Zugangsfragen lasten auf den Universitäten

wie die aufgeblähten Verwaltungspflichten, in denen die geistig-wissenschaftliche Kraft zu ersticken droht. „Hysterische Vorgänge der Entmachtung des wissenschaftlichen Urteils" (Helmut Schelsky) stören die geistige Arbeit weiterhin nicht selten. Politische Schlagworte und Streitigkeiten, Protestaktionen, Interessenkämpfe gehören — wenngleich abgeschwächt — zum Bild der gegenwärtigen deutschen Universität. Die Gesellschaft spiegelt sich in ihr auch mit ihren unguten Zügen, die hier teils noch deutlicher ins Auge fallen.

Die Umbrüche der beiden letzten Jahrzehnte haben die Idee der universitas nicht ausgelöscht, schon gar nicht widerlegt: Noch immer findet und bewährt sich in Seminaren und Instituten die Genossenschaft Lehrender und Lernender, die Gemeinschaft von Lehr- und Lernkörper. Noch immer bemühen sich in der Universität Forscher und Studenten um das Ganze des Erfahrbaren, um die Zusammenhänge des Wissenswerten. Hochschulleute bringen weiterhin Leistungen von höchstem Rang hervor, indem sie nach Wahrheit, nicht nach Macht streben. Dennoch lassen sich die ernsthaften Schäden nicht übersehen, welche die Universität in jüngster Zeit erlitt und noch nimmt.

Jaspers selbst hat die Gefahren der jüngsten deutschen Hochschulgeschichte erkannt und seine Sorge angesichts drohender Verluste und Verwahrlosung vorgetragen in der gemeinsam mit Kurt Rossmann 1961 verfaßten Neuausgabe der Schrift „Die Idee der Universität" (Springer-Verlag, Berlin — Göttingen — Heidelberg, 250 S., mit Bibliographie). Die Idee sei dieselbe geblieben; an ihr gelte es festzuhalten. Die veränderte Daseinssituation verlange indessen, daß ihre Erscheinung sich wandele. „Entweder gelingt die Erhaltung der deutschen Universität durch Wiedergeburt der Idee im Entschluß zur Verwirklichung einer neuen Organisationsgestalt oder sie findet ihr Ende im Funktionalismus riesiger Schul- und Ausbildungsanstalten für wissenschaftlich-technische Fachkräfte" (Vorwort).

Die Inanspruchnahme des Hochschullehrers durch ein Übermaß an Bürokratie und Gremien trifft den Kern der Universitätsarbeit: die Forschung. Viele hervorragende Pub-

likationen verdanken ihr Erscheinen der Arbeit chronisch
überanstrengter Autoren. Als der Forschung unzuträglich er-
wies sich ferner der häufige Wechsel des rechtlich-organisa-
torischen Gefüges und das Auf und Ab der Konjunktur bei
den Haushalten. Wenn sich die Forschung außerhalb der
Universität verstärkt und von ihr weitere Kräfte abzieht, muß
dies auch den akademischen Unterricht beeinträchtigen. Auf
diesem Feld hat die gestiegene Zahl unzureichend vorberei-
teter oder für eine wissenschaftliche Ausbildung in ihrem
Fach nicht geeigneter Studenten bereits zu Niveauverlusten
geführt. Den von Jaspers beschriebenen Ansprüchen der Universität tun nicht zuletzt das der Hochschulautonomie auf-
geprägte Gruppenschema und die Aufteilung in eine vervielfachte Zahl von Fakultäten Abbruch. Dabei macht sich der
Verlust der alten umfassenden philosophischen Fakultät besonders nachhaltig bemerkbar.

Karl Jaspers „lebte im unabhängigen Denken", wie sein
Biograph Hans Saner begründet urteilt. Wir sollten die
Maßstäbe des oft unbequemen Denkers anlegen, um den
jüngsten Abschnitt der deutschen Universitätsgeschichte zu
überprüfen und unseren eigenen Standort zu klären. Manche
im Grunde berechtigten Auskünfte werden auf Unverständ-
nis oder Widerspruch stoßen; so etwa die Hinweise darauf,
daß die Trennung des Lebens in Arbeit und Amüsement ungeistig ist (S. 41), oder daß Politik nicht als Kampf, sondern
nur als Gegenstand der Forschung an die Universität gehört
(S. 120), oder daß eine Auslese den Zugang zur Universität
bestimmen muß (S. 91) und daß „das geistesaristokratische
Prinzip" innerhalb der Hochschule zu Abstufungen führt
(S. 118, 90). Die Postulate der Schrift wollen im Zusammenhang gelesen und bedacht werden. In der mehr als ein halbes
Jahrtausend währenden Geschichte der deutschen Universität
ist die Wiedererneuerung je und je nötig gewesen und unter-
nommen worden. Möge unserem eigenen Bemühen um eine
reformatio das Buch von Karl Jaspers weiterhelfen.

Heidelberg, den 1. Mai 1980   Adolf Laufs

Einleitung.

Die Universität hat die Aufgabe, die Wahrheit in der Gemeinschaft von Forschern und Schülern zu suchen. Sie ist eine Korporation mit Selbstverwaltung, ob sie nun die Mittel ihres Daseins durch Stiftungen, durch alten Besitz, durch den Staat, und ob sie ihre öffentliche Autorisierung durch päpstliche Bullen, kaiserliche Stiftungsbriefe oder landesstaatliche Akte hat. Unter allen diesen Bedingungen kann sie ihr Eigenleben unabhängig vollziehen, weil die Begründer der Universität dieses wollen oder solange sie es dulden. Sie hat ihr Eigenleben, das der Staat frei läßt, aus der unvergänglichen Idee, einer Idee übernationalen, weltweiten Charakters wie die der Kirche. Sie beansprucht und ihr wird gewährt die Freiheit der Lehre. Das heißt, sie soll die Wahrheit lehren unabhängig von Wünschen und Weisungen, die sie von außen oder von innen beschränken möchten.

Die Universität ist eine Schule, aber eine einzigartige Schule. An ihr soll nicht nur unterrichtet werden, sondern der Schüler an der Forschung teilnehmen und dadurch zu einer sein Leben bestimmenden wissenschaftlichen Bildung kommen. Die Schüler sind der Idee nach selbständige, selbstverantwortliche, ihren Lehrern kritisch folgende Denker. Sie haben die Freiheit des Lernens.

Die Universität ist die Stätte, an der Gesellschaft und Staat das hellste Bewußtsein des Zeitalters sich entfalten lassen. Dort dürfen als Lehrer und Schüler Menschen zusammenkommen, die hier nur den Beruf haben, Wahrheit zu ergreifen. Denn daß irgendwo bedingungslose Wahrheitsforschung stattfinde, ist ein Anspruch des Menschen als Menschen.

Die Mächte in Staat und Gesellschaft sorgen aber zugleich für die Universität, weil dort die Grundlage für die Ausübung staatlicher Berufe gewonnen wird, die wissenschaftliches Können und geistige Bildung verlangen. Es ist eine nur selten bezweifelte Voraussetzung, daß die Wahrheitsforschung erwünschte Folgen für die Ausübung dieser Berufe hat, nicht nur durch die Ergebnisse der Wissenschaften, sondern vor allem durch die Bildung des Geistes derer, die durch die Universität hindurchgegangen sind. Aber sogar wenn dies zweifelhaft wäre, ist der Grundwille des Menschen, das grenzenlose Wahrheitssuchen um jeden Preis zu wagen. Denn allein dies ermöglicht ihm, in der Erfahrung des Seins die erreichbare Höhe zu erklimmen. So ist die Universität eine Anstalt mit realen Zielen, die jedoch erreicht werden in einem Aufschwung des Geistes, der alle Realität überschreitet, um zu ihr um so klarer, gefestigter, unbeirrbarer zurückzukehren.

Was Wahrheit sei und was diese Wahrheitsbemächtigung, das kann nicht einfach hingesagt werden. Es wird im Leben der Universität offenbar, ohne je abgeschlossen zu sein. Vorläufig erinnern daran Sätze wie folgende:

An der Universität verwirklicht sich das u r s p r ü n g - l i c h e   W i s s e n w o l l e n, das zunächst keinen anderen Zweck hat, als zu erfahren, was zu erkennen möglich ist und was aus uns durch Erkenntnis wird. Es vollzieht sich die Lust des Wissens im Sehen, in der Methodik des Gedankens, in der Selbstkritik als Erziehung zur Objektivität, aber auch die Erfahrung der Grenzen, des eigentlichen Nichtwissens sowohl wie dessen, was man im Wagnis des Erkennens geistig aushalten muß.

Das ursprüngliche Wissenwollen ist e i n s und geht auf das Ganze. Wenn es sich stets nur im Besonderen verwirklichen kann, im Handwerk der Spezialitäten, so haben diese doch ihr geistiges Leben erst dadurch, daß sie Glieder eines Ganzen sind. Im Zusammenspiel der Wissenschaften verwirklicht sich ein Kosmos bis zur universalen Weltorientierung und bis zur Theologie und Philosophie. Zwar lebt dieses Ganze in Polaritäten, die immer wieder zerreißen zu sich bekämpfenden und ausschließenden Gegensätzen. Aber die Einheit aller Wissenschaften besteht doch auch dann wenigstens durch die Wissenschaftlichkeit, die, bei unendlichen Verschiedenheiten der Gegenstände und Probleme, in einer Grundhaltung alle Forscher verbindet.

An der Universität sind Menschen vereinigt in einer Institution zu dem Beruf, die Wahrheit durch Wissenschaft sowohl zu   s u c h e n   als auch zu   ü b e r l i e f e r n.

Weil Wahrheit durch Wissenschaft zu s u c h e n ist, ist Forschung das Grundanliegen der Universität. Da aber Wahrheit.
mehr ist als Wissenschaft und sie durch Wissenschaft aus dem
umgreifenden Sein des Menschen — nennen wir es Geist,
Existenz, Vernunft — ergriffen wird, ist der Ernst der Persönlichkeit Bedingung des Universitätslebens.

Weil Wahrheit ü b e r l i e f e r t werden soll, ist Unterricht
die zweite Aufgabe der Universität. Da aber die Überlieferung
von bloßen Kenntnissen und Fertigkeiten unzureichend für das
Erfassen von Wahrheit wäre, die vielmehr eine geistige Formung des ganzen Menschen verlangt, so ist Bildung (Erziehung) der Sinn von Unterricht und Forschung.

Die Idee der Universität zu entwerfen, heißt Orientierung an
einem Ideal, dem die Realität sich nur annähert. Diesen Entwurf versuchen wir in drei Richtungen:

I. Wir vergegenwärtigen d a s g e i s t i g e L e b e n überhaupt, das an der Universität eine seiner Gestalten verwirklicht.

II. Wir zeigen die A u f g a b e n der Universität, die sich aus
der Verwirklichung des geistigen Lebens in der Korporation
ergeben.

III. Wir besinnen uns auf die D a s e i n s v o r a u s s e t z u n-
g e n der Universität und deren Folgen.

I. Das geistige Leben.

Wenn die Universität der Wissenschaft dient und wenn die Wissenschaft Sinn hat dadurch, daß sie einem umfassenden geistigen Leben angehört, so ist dieses geistige Leben die eigentliche Bewegung an der Universität.

Die Universität ist nur eine Gestalt unter anderen, die dieses geistige Leben annimmt, hier durch Institution und geordnete Zusammenarbeit der Hochschule. Um die Idee der Universität und die aus ihr erwachsende Institution zu verstehen, ist daher zunächst das sie tragende geistige Leben überhaupt und vor allem das Wesen der Wissenschaft zu erörtern.

Erstes Kapitel.

Das Wesen der Wissenschaft.

1. Grundcharakter der Wissenschaft.

Wissenschaft ist die m e t h o d i s c h e Erkenntnis, deren Inhalt z w i n g e n d g e w i ß und a l l g e m e i n g ü l t i g ist. Mit diesem Satze sind drei Grundzüge wissenschaftlichen Wissens ausgesprochen:

Erstens ist Wissenschaft nur zusammen mit einem m e t h o - d i s c h e n B e w u ß t s e i n : ich weiß mit dem Wissen von dem Wege, der mich zu einem Ergebnis führt; ich weiß mit dem Wege zugleich den Standort und die Grenzen des jeweils bestimmten Sinns von Wissen. Das Gegenteil wissenschaftlichen Wissens ist das unmethodische Meinen und das fraglose Hinnehmen auf guten Glauben hin. Ist der Inhalt dieses nur hinnehmenden Wissens etwas, das zugleich Ergebnis wissenschaftlicher Forschung ist, so ist diese Weise des Wissens dennoch nicht wissenschaftlich, sondern wird Ausgang eines Wissenschaftsaberglaubens, weil das innerlich unkontrollierte Hinnehmen mich verfallen läßt an beliebigen Inhalt und mich schutzlos an ihn ausliefert. Denn das Wissen, das mit dem Wissen der Methode zugleich seine Relativität behält, nämlich in bezug auf den Standpunkt und auf die Weise und den Sinn dieser Wißbarkeit, das wird als Inhalt des Wissenschaftsaberglaubens fälschlich absolut.

Zweitens ist wissenschaftliches Wissen als solches z w i n g e n d g e w i ß. Denn was ich wissenschaftlich verstehe, ist schon für den bloßen Verstand einsichtig. Es ist richtig als ein Bestehendes, das zu seiner Richtigkeit keines Einsatzes meines eigenen Wesens bedarf. Das Gegenteil solcher Wißbarkeit ist die Überzeugung. Sie ist wahr nur zugleich mit dem Einsatz der Person, die in ihr lebt. Daher konnte G a l i l e i sinnvollerweise vor der Gewalt der Inquisition widerrufen (und der nach dem Widerruf der Erdbewegung getane Ausspruch: „aber sie bewegt sich doch" ist, wenn er auch nicht getan ist, sinngemäß erfunden: G a l i l e i wußte, daß Widerruf an dieser Wahrheit nichts ändert). B r u n o dagegen entwickelte in einem ewig denkwürdigen Selbstüberwindungsprozeß den Heroismus, der ihm bei gleichzeitiger Bereitschaft zu allen Widerrufen von nicht zentraler Art eine Verleugnung seiner philosophischen Grundüberzeugung unmöglich machte: es waren nicht wissenschaftlich zwingende Einsichten, vielmehr solche, deren Wahrheit mit dem Preisgeben im Widerruf auch selbst aufgehoben worden wäre, sich jedoch im enthusiastischen Festhalten des Philosophen an ihnen erst eigentlich bewies.

Drittens sind wissenschaftliche Einsichten a l l g e m e i n g ü l t i g. Sie bewähren sich dadurch, daß sie von jedem als zwingend erfahren werden können. Daher verbreitet sich die wissenschaftliche Wahrheit auch faktisch überall hin, wo überhaupt wissenschaftlich gedacht wird. Diese Einmütigkeit in wissenschaftlichen Einsichten ist das Kennzeichen der Allgemeingültigkeit. Das Gegenteil ist die Nichtallgemeingültigkeit der philosophischen Überzeugungen. Man kann sagen: Die Unbedingtheit der Überzeugung steht im Zusammenhang mit der Nichtallgemeingültigkeit (denn bestünde der Inhalt der Überzeugung an sich, so brauchte er nicht meines Bezeugens); die Relativität der wissenschaftlichen Einsicht aber steht in Zusammenhang mit ihrer Allgemeingültigkeit (denn Forschung wäre nicht in der zu ihr gehörenden Bewegung des Fortschreitens, wenn zwingendes Wissen auch absolutes Wissen wäre).

2. Engerer und weiterer Begriff von Wissenschaft.

Dieser Begriff von Wissenschaft, so einfach er ist, hat sich nur langsam verwirklicht und ist immer in Gefahr. Seine Herausarbeitung ist eine bis heute nicht vollendete Bewegung.

Die Wissenschaft ist noch nicht das Denken überhaupt, das schon in der ersten Vergegenständlichung beginnt, ist noch nicht die Intellektualisierung des Gedachten in den Zusammenhängen logischer Schlußketten, ist noch nicht die rationale Ordnung von Begriffen und Erscheinungen. Sondern Wissenschaft entsteht erst mit der scharfen Abgrenzung innerhalb des weiten Bereichs des Denkens überhaupt gegenüber dem nicht wissenschaftlichen Wissen. Die positiven Charaktere dieser Wissenschaft, die sich in den Schritten ihrer Entfaltung seit dem 14. Jahrhundert wiederholt nova scientia nannte, sind folgende:

a) Wissenschaft im engeren und eigentlichen Sinne entstand zugleich mit einem Tiefergreifen des Erkennens. Sie entstand als entdeckende Wissenschaft, als Forschung.

Diese Forschung wird auf neue Weise methodisch. Ein vorangehender Entwurf des Gedankens findet Prüfung, Bewährung oder Widerlegung in der Erfahrung. Sie ist gleichsam ein Kampf mit dem Objekt. Dieses wird nicht hingenommen, sondern durch jene Entwürfe von Möglichkeiten befragt. Das Objekt wird aufgelöst, um zu sehen, was hinter ihm steckt. Der Wille zur Gewißheit steigert die Exaktheit des entwerfenden Denkens (tritt daher zuerst als das Streben nach Mathematisierung und Quantifizierung auf) und die Exaktheit der Erfahrung (durch Verfeinerung der Beobachtung, insbesondere der Messungen). Die Exaktheit wird bis zum Maximum des Möglichen getrieben, um die Kriterien, die in der Abweichung oder dem Zutreffen der Beobachtung liegen, bis zum Äußersten an Verläßlichkeit zu bringen.

Mit dieser Wissenschaft, welche die Gewißheit in ihrer zwingenden Allgemeingültigkeit weitergetrieben hat, als je geahnt wurde, wird zugleich das klare Wissen über ihre jeweiligen eigenen Voraussetzungen gewonnen. Voraussetzungslos ist sie nur darin, daß sie jede Voraussetzung als einen Versuch auffaßt, und darin, daß sie Voraussetzungen abweist, die die Wahrheit und Wirklichkeit aus Tendenzen verschleiern oder verschieben. Sie arbeitet mit Voraussetzungen, die sie als solche weiß und auf ihre entdeckende, fruchtbare Kraft hin versucht.

Die Wahrheit der Voraussetzungen in der Forschung zeigt sich durch ihre Wirkung in der faktischen Erkenntnis. Warum die einen Voraussetzungen zu Entdeckungen führen, die anderen aber versagen, das ist eine weitere Frage, die die Wahrheit im Ergebnis nicht berührt, sondern in den Wahrheitsgrund der Forschung selber dringen möchte. Ist es der Zufall, der unter zahlreichen möglichen vergeblichen Spekulationen einzelne bevorzugt, die übrigen nichtig bleiben läßt? Ist es eine glückliche Wahl aus unabsichtlicher Nähe zur Wirklichkeit der Dinge, aus einem unbegründbaren Ahnungsvermögen des Forschers? Es ist wohl möglich, die großen Erfolge der Forschung, wenn sie da sind, nachher aus den Prinzipien zu verstehen, mit denen sie begann. Aber im Anfang der Entwicklung sind sie noch keineswegs in dieser ihrer Bedeutung vollständig klar. Warum begründeten G a l i l e i , L a v o i s i e r Forschungsbewegungen, deren Ergiebigkeit, mit Sprüngen neuer Ansätze, bis heute andauert ? L a v o i s i e r z. B. machte folgende Voraussetzungen, die alle vor ihm gedacht waren, aber die er zuerst unablässig festhielt, indem er keine Ausnahme zuließ, sondern auf ihnen als auf absolute Wahrheiten baute: Was nicht weiter auflösbar ist, ist ein Element; — die Materie wird weder vermehrt noch vermindert; — die Masse jeder Materie wird zuverlässig am Gewicht erkannt, da alles, was ist, der gleichen Schwerkraft unterliegt. Die Waage wurde auch vor ihm angewendet, aber durch ihn wurde die Ausnahmslosigkeit das Unumgängliche der Voraussetzungen, die Kompromißlosigkeit der gedanklichen Konsequenz zum Ursprung der Entdeckungen. Die Voraussetzungen waren gegen den Augenschein, der jederzeit verführt, sie aufzugeben. Was unterscheidet L a v o i s i e r von einem spekulativen Fanatiker? War es geistige Größe oder war es der glückliche Zufall? Die Urheber der Forschung und die Menge der Mitarbeiter in der Folge glaubten an die absolute Wahrheit dieser Voraussetzungen und erhoben daher den Anspruch ihrer absoluten Geltung. Aus den Wissenschaften erhob sich jedesmal, wenn ein radikaler Versuch mit neuen Voraussetzungen gemacht wurde, der Sturm von seiten der jeweiligen Besitzer der Wahrheit gegen den neuen Unsinn. Dabei wurde

jedoch nur immer klarer: A l l e Wissenschaft operiert mit
Voraussetzungen, die nicht absolut gelten, nicht das Sein selbst
treffen, sondern nur einen Zug in seiner Erscheinung. Die Voraussetzungen sind nur Versuche. Unter zahllosen vergeblichen
Versuchen bloßer Spekulation finden sich spärliche, aber er-
staunlich wirksame Treffer. Daher besteht eine Abneigung
aller echten Forscher gegen gedankliche Entwürfe als solche,
sofern sie nicht ihre Fruchtbarkit in der Erfahrung gezeigt
haben und nicht weitere Chancen für neue Erfahrung geben.

Der Grundzug dieser Wissenschaft ist: Gerade im Relativieren
der Voraussetzungen ist der feste Boden des Allgemeingültigen,
ist das zwingend Gewisse in der Erfahrung der Realität zu gewinnen.

b) Die neue Wissenschaft begann mit der mathematischen
Naturwissenschaft. Was jedoch als Antrieb hinter diesen Entdeckungen stand, gründete sich als u n i v e r s a l e   W i s s e n -
s c h a f t l i c h k e i t in einer bis dahin in der Welt noch nicht
dagewesenen Gestalt. Noch die griechische Wissenschaft (mit
Ausnahme einiger Wege der Mathematik und des platonischen
Denkens) lebte im Raum einer Vollendung, war im ganzen
eigentlich immer fertig. Die Universalität der griechischen
Wissenschaft lag im Weltbild des geschlossenen Kosmos. Die
Universalität der neuen Wissenschaft war dagegen nicht das
systematische Wissen vom Ganzen (wenn auch die Form grie-
chischer Wissenschaft als Störung eigentlicher Wissenschaft
und als eine die modernen Ergebnisse in ihrem Sinn verkehrende
Denkgestalt für das durchschnittliche Auffassen bis heute
herrscht), sondern die Offenheit nach allen Seiten, die Bereitschaft, alles, was ist, dem wissenschaftlichen Forschen zugänglich zu machen, in den unendlichen Raum des Seienden mit
immer neuen, auf den vorhergehenden weiterbauenden Versuchen entdeckend einzudringen, Ungeahntes aus der Ver-
borgenheit hervorzuholen, statt eines Kosmos vielmehr in der
ungeschlossenen Welt die Idee eines „Kosmos" der wissenschaftlichen Methoden und der Wissenschaften in ihrem syste-
matischen Zusammenhang zu verwirklichen.

Mit der Unbefangenheit des Forschens erwuchs eine Klarheit
über die Mannigfaltigkeit des Wirklichseins, über die Sprünge
zwischen den Weisen des Wirklichen — dem Leblosen, dem
Lebendigen, der Seele, dem Geist — und ein methodisches Be-

wußtsein der Kategorien, durch die wir zu denken und zu erkennen vermögen. Statt der anfänglichen Beschränkung des Verstandes auf die Kategorien des Machanismus, auf die formale Logik, auf die empirische Wirklichkeit im quantitativen Sinne der Meßbarkeit und Zählbarkeit, statt dieser Entleerung der Welt zu dem, was als verstandesbegreifbar zu „machen" ist, werden die Kategorien nach allen Seiten zur Klarheit gebracht, geschieden, werden Verwechslungen verwehrt, aber nicht kategoriale Bereiche vernichtet. Überall wird nur der Sinn des Allgemeingültigen und Zwingenden als solcher herausgehoben und abgegrenzt.

c) Damit ist der dritte Charakter der neuen Wissenschaftlichkeit: d i e F r e i g a b e e i n e s g a n z a n d e r e n S i n n s v o n D e n k e n. Denn es gibt das Denken, in dem keine zwingende Allgemeingültigkeit erkannt wird, das aber Gehalte offenbart, die das Leben tragen. Dieses Denken dringt, erhellend, nicht erkennend, in den Grund des Seins. Die Wissenschaft ist als zwingende und allgemeingültige, als forschende und entdeckende auf den Bereich der Erscheinung des Seins beschränkt. Gegenüber diesem engeren Sinn von Wissenschaft gibt es einen weiteren Begriff, und diesen kann, sofern keine Verwechslung eintritt, die Wissenschaft selber anerkennen als den sie ergänzenden und vielleicht tragenden Raum des denkend erhellten Seins. Dieses Denken gehört nicht zu ihr, aber ist aus eigenem Ursprung gerechtfertigt.

Wissenschaft in diesem weiteren Sinne heißt jede auf rationalem Wege durch Begriffe entstehende Klarheit. Der Gedanke vermittelt dann nicht Erkenntnisse mir bis dahin fremder Sachen, sondern er macht deutlich, was ich eigentlich meine, eigentlich will, eigentlich glaube; er schafft den hellen Raum meines Selbstbewußtseins.

Der Gedanke kann weiter eine Form sein, die einer Erfüllung aus meinem Wesen heraus bedarf, um Wahrheit zu bedeuten (wie in den spekulativen Gedanken der Philosophie).

Der Gedanke kann schließlich eine Chiffre sein, die deutend verbirgt.

Diese großartigen und lebenbegründenden Bemühungen des Denkens sind Wissenschaft nur im Sinne einer Strenge höchster Klarheit. Sie sind mehr und zugleich weniger als Wissenschaft. Mehr: sofern sie ein schaffendes, den Menschen ver-

wandelndes Denken sind. Weniger: sofern sie nichts Festes als
ein Wissen in die Hand geben. Es ist daher von entscheidender Bedeutung, den engeren Begriff von Wissenschaft deutlich
zu haben. Ihn allein meint im Grunde, wenn auch zumeist un-
deutlich, der moderne Mensch, wenn er von Wissenschaft
spricht, weil nur hier die Wahrheit für den Verstand überhaupt
als das Zwingende und als das Allgemeingültige — ohne Einsatz meines Wesens — vorliegt. Und es ist andererseits erst
mit der Klarheit dieser eigentlichen Wissenschaft auch möglich, daß die Philosophie in dem unersetzlichen Sinn ihres
Denkens, der Art ihrer Wahrheit, der Unerläßlichkeit ihres
Tuns klar wird. Erst mit der Wissenschaft gewinnt, im Unterscheiden von ihr und auf dem Wege über sie, die Philosophie
ihre vollen Möglichkeiten.

3. Grenzen der Wissenschaft.

Die Wissenschaft im engeren Sinne nun hat ihre unüber-
schreitbaren Grenzen, von denen wir folgende in Kürze nennen:

Wissenschaftliche S a c h e r k e n n t n i s ist nicht S e i n s -
e r k e n n t n i s. Denn wissenschaftliche Erkenntnis ist parti-
kular, auf bestimmte Gegenstände, nicht auf das Sein selbst
gerichtet. Wissenschaft bewirkt daher philosophisch gerade
durch Wissen das entschiedenste Wissen um das Nichtwissen,
nämlich um das Nichtwissen dessen, was das Sein selbst ist.

Wissenschaftliche Erkenntnis vermag k e i n e r l e i Z i e l e
für das Leben zu geben. Sie stellt keine gültigen Werte auf.
Sie kann als solche nicht führen. Sie verweist durch ihre Klarheit auf einen anderen Ursprung unseres Lebens.

Wissenschaft vermag auch keine Antwort zu geben auf die
Frage nach ihrem e i g e n e n S i n n. Daß Wissenschaft da ist,
beruht auf Antrieben, die selbst nicht mehr wissenschaftlich
als wahre und seinsollende bewiesen werden können.

Die Grenzen der Wissenschaft haben immer dann die tiefste
E n t t ä u s c h u n g bewirkt, wenn man von der Wissenschaft
erwartet hatte, was sie zu leisten außerstande ist. Wenn der
Glaubenslose in der Wissenschaft Ersatz suchte und erfahren
wollte, worauf er sein Leben gründen kann — wenn der an der
Philosophie Unbefriedigte in der Wissenschaft die Wahrheit
suchte, die allumfassend das Ganze trifft — wenn der an Inner-

lichkeit Arme durch eine in den Wissenschaften genährte endlose Reflexion der eigenen Nichtigkeit inne wurde — jedesmal wurde die Wissenschaft nach einer Zeit des blinden Wissenschaftsaberglaubens Gegenstand des Hasses und der Verachtung. Sind nun aber diese und ähnliche Wege von ihrem Anfang an in ihrer Unwahrheit durchschaubar, so bleibt dennoch die Frage, welchen W e r t die Wissenschaft noch habe, wenn ihre Grenzen so entschieden bewußt geworden sind.

4. Nutzen und Selbstzweck der Wissenschaft.

Seit B a c o n und D e s c a r t e s hat man den Sinn der Wissenschaft durch ihre N ü t z l i c h k e i t zu rechtfertigen versucht. Die technische Anwendbarkeit des Wissens zur Erleichterung der Arbeit, zur besseren Befriedigung der menschlichen Bedürfnisse, zur Steigerung der Gesundheit, zur Einrichtung staatlicher und gesellschaftlicher Verhältnisse, schließlich gar zur Erfindung der richtigen Moral galten für D e s c a r t e s als entscheidende Antriebe zur Wissenschaft. Jedoch zeigt sich bei näherer Vergegenwärtigung erstens, daß alle technische Anwendbarkeit Grenzen hat; die Technisierbarkeit ist nur ein Feld innerhalb des viel umfassenderen Bereiches der menschlichen Möglichkeiten überhaupt. Zweitens zeigt sich, daß die unmittelbare Nützlichkeit der Wissenschaft keineswegs der Antrieb bei den großen, begründenden Entdeckungen gewesen ist; sie wurden fern dem Gedanken der Anwendbarkeit aus unvoraussehbaren Quellen des forschenden Geistes gewonnen. Die fruchtbare Anwendung in zahllosen besonderen Erfindungen ist daher zweckhaft erst möglich auf Grund der schon vorhandenen Wissenschaft. Forschungsgeist und zweckhafter Erfindungsgeist sind wesensverschieden. Es wäre zwar absurd, den Nutzen der Wissenschaft und das Recht des Betriebes der Wissenschaft im Dienst der Lebenszwecke bestreiten zu wollen; auch dieser Sinn kommt der Wissenschaft, wenigstens einigen Teilen der Wissenschaft, zu. Aber er kann nicht der ganze und nicht der einzige Sinn der Wissenschaft sein; denn er allein hat die Wissenschaft nicht hervorgebracht (die großen Entdecker waren durchweg keine Erfinder) und allein würde er außerstande sein, die wissenschaftliche Forschung auf die Dauer am Leben zu erhalten.

Im Gegenschlag gegen diese Subalternisierung der Wissenschaft durch Unterordnung unter die Zwecke der Technik und

Lebenspraxis ist daher mit einem fragwürdigen Pathos die Wissenschaft als S e l b s t z w e c k behauptet worden.

Dieser Selbstzweck ist wahr, wenn in ihm die U r s p r ü n g - l i c h k e i t   d e s   W i s s e n w o l l e n s sich ausspricht. Nicht ursprünglich ist ein Wissenwollen, weil das Wissen b r a u c h - b a r ist (dann ist die Forderung, unter deren Bedingung das Wissen allein interessiert: daß man damit etwas anfangen könne). Nicht ursprünglich ist auch das Wissen als E l e m e n t e i n e s   B i l d u n g s i d e a l s (dann ist es ein Bestandteil der Ausbildung aller menschlichen Kräfte und Mittel der reibungslosen Kommunikation einer gleichartig gebildeten Gesellschaft; hier steht das Wissen unter der Bedingung von Maß und Form und unter der Bedingung der Menschenprägung nach diesem gültigen Ideal). Ursprünglicher schon ist die N e u g i e r : das primitive Sehenwollen des Fremden, Unbekannten, das Hörenwollen von Erfahrungen und Ergebnissen. Aber Neugier berührt nur, ergreift nicht die Dinge. Der Reiz der Sensation bringt schnelle Ermüdung. Erst nach einer Umsetzung kann die Neugier ein Element des Erkennens werden. Dieses in seiner Ursprünglichkeit fragt nicht mehr, warum es will. Es kann seinen eigenen Sinn nicht zureichend begründen. Es ist der Mensch, der nur zu sein glaubt, sofern er weiß; der den Versuch macht, was wird, wenn er weiß; der die Gefahr läuft, weil, was auch werde, Wissen durch Erfüllung oder durch Scheitern offenbar macht, was ist. Das Selbstbewußtsein entwickelt sich durch Ergreifen des Wirklichen in der Welt, der Weisen, es zu erforschen, des Sinns jeder besonderen Wissensweise, der gedanklichen Konstruktion der Möglichkeiten.

Dieses ursprüngliche Wissenwollen kämpft gegen die mit sich zufriedene bloße Bildung als täuschende Beruhigung und Vollendung, gegen die leere Intellektualität als gegen die Glaubenslosigkeit, welche nichts mehr will und darum auch eigentlich nicht mehr wissen will, gegen die Mittelmäßigkeit, welche nie sie selbst ist und unter Wissen das Gelernthaben von Ergebnissen versteht. Es kennt eine Befriedigung im Wissen nur, insofern dieses ein Forschen befördert und sofern es darin Grenzen betritt, an denen das Sprungbrett für ein Transzendieren erreicht wird.

Das ursprüngliche und unbedingte Wissenwollen hat sich in der Formel von der Wissenschaft als Selbstzweck ausgesprochen.

Wenn jedoch damit der Wert schon jeder Tatsachenfeststellung, jeder methodischen Richtigkeit, jeder Erweiterung irgend eines Wissens behauptet werden sollte, wenn sich jede wissenschaftliche Beschäftigung als solche wie ein unantastbar Wertvolles gab, so zeigte sich eine sonderbare Verwirrung. Die Endlosigkeit beliebiger Feststellungen, die Zerstreuung der Wissenschaften in ein Vielerlei, das in sich keine Bezüge mehr hatte, die Selbstzufriedenheit eines spezialistischen Wissens bei Menschen, denen im Ganzen Unwissenheit und Blindheit eigen war, der Betrieb der Wissenschaften als ein Massenphänomen mit dem ständigen Entgleisen in den Endlosigkeiten des bloß Richtigen, die Aufhebung des Sinns von Wissenschaft in diesem Betrieb und zugleich dessen Nutzlosigkeit für Lebenszwecke, dies alles machte den Selbstzweck der Wissenschaft verdächtig.

Die Redewendung vom Selbstzweck hat einen schlechten Ruf. Die sogenannte Krisis der Wissenschaft führte zur Leugnung des Sinns der Wissenschaft. Man hat gesagt: Wissenschaft läßt sich zu allem brauchen; Wissenschaft ist eine Hure; Wissenschaft läßt das Gemüt leer, ist ein lebensfremder Betrieb, ein Hin- und Herfahren von Schutt.

Gegen diese Anklagen ist zu sagen, daß sie Entartungen der Wissenschaft, Pseudowissenschaft treffen, aber nicht das ursprüngliche Wissenwollen. Aus diesem heraus ist zu bekennen: wenn die Erkenntnis im Mittelalter im Gottschauen endete, wenn H e g e l das Denken seiner Logik in allem Ernst Gottesdienst nannte, wenn sogar noch der Positivist im Erkennen das Unerkennbare anerkennend stehen ließ, — so kann auch uns heute Wahrheit etwas Erfüllendes sein. Radikaler zwar als je wird darüber nachgedacht, was Wahrheit sei. Daß aber Wahrheit allein den Sinn unseres Wesens bringe, auch wenn wir nicht endgültig wissen, was sie ist und wohin sie führt, — daß es nichts gibt, das wir nicht untersuchen möchten, — daß vor allem unser Leben im Denken einen eigenen Grund sucht — dieses ist heute noch lebendig. Es ist ein Wesenszug des Menschen durch die Jahrtausende, weder psychologisch noch soziologisch eigentlich zu fassen, ein signum seiner höheren Abkunft.

Zu diesem Denken ist Wissenschaft der unumgängliche Weg. Diese echte Wissenschaft aber bedarf weiterer Klärung ihres Wesens.

5. Voraussetzungen der Wissenschaft.

Das Wort von der Voraussetzungslosigkeit der Wissenschaft ist geprägt als Kampfruf gegen Einschränkungen, die dem Erkennen durch unbefragbare dogmatische Positionen aufgezwungen werden sollten. Voraussetzungslosigkeit bedeutete die rechte Forderung: man dürfe nicht vorher festlegen, wohin die Erkenntnis führen solle; man dürfe dem Fragen keine Grenze setzen; man dürfe keine Sache für unberührbar durch Forschung erklären (Wissenschaft kennt kein tabu); man dürfe dem, was sich als zwingend richtig zeige, nicht ausweichen.

Jedoch ist in der Tat keine Wissenschaft voraussetzungslos. Nur gehört es zum Charakter wissenschaftlicher Selbstkritik, diese Voraussetzungen zu erkennen und zu klären. Rein rational ist daher jede Wissenschaft ein Versuch, der sich selber als unter den und den Voraussetzungen sinnvoll und konsequent begreift. Diese Voraussetzungen sind:

a) Die Regeln der Logik: Es ist zu denken und zu erkennen unmöglich, wenn der Satz des Widerspruchs geleugnet wird. Im Wesen des Denkens liegt die Anerkennung dieses Satzes. Wer die Bestimmtheit der Begriffe in eine schwankende Mannigfaltigkeit verfließen läßt und wem der Widerspruch kein Einwand ist, der kann nicht einmal sinnvoll sprechen. In jedem Satze erkennt er tatsächlich einen Augenblick die logischen Voraussetzungen an, die er durch den Fortgang seines Sprechens verleugnet. Man kann nicht mit ihm reden, muß ihn stehen lassen, er ist nicht besser als eine Pflanze (Aristoteles).

Und doch bleibt hier die Voraussetzung. Das heißt, es wird ein Fehler, wenn ich das Erkennen zum Absoluten mache. Ich erkenne allein im Raum der Geltung der logischen Regeln. Aber was ich so erkenne, ist, weil unter dieser Bedingung, nicht das Sein an sich. Erkennen und Erkenntnisinhalte sind Aspekte des Seins, wie sie unter den Bedingungen der Verstandeslogik sich zeigen.

b) Voraussetzung ist, daß Wissenschaft sein soll. Die Bejahung der Wissenschaft ist nicht wissenschaftlich zu begründen. Keine Wissenschaft kann dem, der ihren Wert leugnet, ihren Wert beweisen. Das ursprüngliche Wissenwollen gründet sich in sich selbst. Es will grundlos, aus einer Leidenschaft, deren Selbstbejahung Voraussetzung der Wissenschaft bleibt.

c) Voraussetzung ist im besonderen die Wahl des Gegenstandes. In der Endlosigkeit des Möglichen wählt der Forscher sein Problem. Ein dunkler Instinkt, Liebe und Haß, mögen Antriebe zur Auswahl sein. Es ist in jedem Fall Willensentscheidung, nicht wissenschaftliche Erkenntnis, die das Thema ergreift.

d) Im Forschen ist eine Voraussetzung die Führung durch Ideen, durch dieses Umgreifende, das selber nicht Gegenstand wird außer durch „Schemata der Ideen" (Kant), die in der Folge wieder verschwinden, weil sie in ihrer Verendlichung immer auch falsch sind. Die Ideen bringen in das Ganze systematische Einheit, zeigen den Weg, machen den Unterschied von wesentlich und unwesentlich, tief und oberflächlich, bedeutend und unbedeutend, Ganzheit und Zerstreutheit. Sie sind das Umgreifende, das die Nähe zur Sache bewirkt, Einfall und Entdeckung ermöglicht, dem Zufall Sinn gibt. Die Vergeblichkeit des Endlosen wird in den tiefen Zusammenhang des Unendlichen gebracht. Voraussetzung sinnvoller Wissenschaft ist das Leben der Ideen im Forscher.

Dies sind die Voraussetzungen in allen Wissenschaften. Dazu kommen in den einzelnen Wissenschaften besondere Voraussetzungen. Zum Beispiel:

Der gläubige Theologe kennt Wunder und Offenbarung. Das sind Inhalte, die einem empirisch wissenschaftlichen Erkennen unzugänglich, daher für dieses nichtexistent sind. Jedoch nur in dem Versuch wissenschaftlichen Erklärens. Die „voraussetzungslose Wissenschaft mutet dem Gläubigen nicht weniger — aber: auch nicht mehr — zu als das Anerkenntnis: daß, wenn der Hergang ohne jene übernatürlichen, für eine empirische Erklärung als ursächliche Momente ausscheidenden Eingriffe erklärt werden solle, er so, wie sie es versucht, erklärt werden müsse. Das aber kann er, ohne seinem Glauben untreu zu werden." (Max Weber.)

Aber die Wissenschaft der Theologie verfährt anders. Sie denkt unter der Voraussetzung der Existenz jener Offenbarung. Sie spricht aus, was darin liegt und was daraus folgt. Sie entwickelt Denkformen, das Unaussprechliche aussagbar zu machen.

Sowohl jene weltliche Erklärung wie die theologische Deutung verfahren unter Voraussetzungen. Wenn sie rein ver-

fahren, schließen sie sich gegenseitig nicht aus. Beide sind Versuche des Denkens, die mit Voraussetzungen arbeiten und sehen,
wohin und wie weit sie damit kommen.

Wissenschaftlich bleiben beide, solange sie offen für das andere sind, oder solange sie selbstkritisch wissen, daß alles Er-
kennbarsein ein Sein im Sein, niemals d a s Sein ist.

Wenn wir um die Bindung aller Wissenschaft an Voraussetzungen wissen, so ist es wichtig, zugleich zu klären, was nicht
Voraussetzung ist, aber oft fälschlich als solche gilt. Es ist
nicht notwendige Voraussetzung der Wissenschaft, daß die
Welt im ganzen erkennbar ist, oder daß die Erkenntnis das
Sein selbst trifft, oder daß das Erkennen irgendwo absolut ist
in dem Sinne, daß es voraussetzungslose Wahrheit enthalte
oder bringe. Das Gegenteil von allem diesem zeigt sich der
philosophischen Besinnung auf die Grenzen des Wissens.

Nicht Voraussetzung ist weiter eine dogmatisch formulierte
Weltanschauung. Im Gegenteil: Wissenschaft ist nur, soweit
eine solche Weltanschauung nicht als absolute Voraussetzung
wirksam ist, oder wenigstens nur soweit als Geltung darin erreicht wird, welche unabhängig von jener Weltanschauung
besteht, oder sofern im Denken diese ganze Weltanschauung
nur als eine Hypothese dieser Denkversuche behandelt wird.

Angesichts des Lärms, mit dem seit Jahrzehnten die Voraussetzungslosigkeit der Wissenschaften (welche von keinem kritischen Forscher behauptet wurde) bestritten ist, ist es vielleicht
gehörig, auf die Verführung zu weisen, die in dieser Weise, die
Voraussetzungsbelastung der Wissenschaften zu betonen, liegt.
Der Sinn geht hierbei allzuschnell von aller Wissenschaft fort
auf jene Voraussetzungen, die ihrerseits dogmatisch werden.
Gute Leute, aber schlechte Musikanten, die in Wissenschaften
nichts leisten und Wissenschaften nicht methodisch studieren,
verwerfen, was sie gar nicht kennen. Sie wollen statt Wissenschaft etwas ganz anderes: Politik, Kirche, Propaganda für
dunkle Leidenschaften. Statt liebend bei der Sache zu sein und
konkret zu forschen, überlassen sie sich einem schlechten Philosophieren im allgemeinen Gerede über das Ganze.

Unter den Voraussetzungen der Wissenschaft ist die für ihr
Leben wichtigste die Führung. Daß Wissenschaft überhaupt
der Führung bedarf, ist oft vergessen worden.

6. Wissenschaft bedarf der Führung.

Wenn Wissenschaft sich selbst überlassen wird, gerät sie in eine Verwahrlosung. Eine Weile kann sie wohl scheinbar aus sich vorangehen, wenn sie einmal — aus tieferem Ursprung — in Gang gebracht worden ist. Alsbald aber zeigen sich die Sinnwidrigkeiten, die allmählich zum Einsturz ihres Gebäudes zu führen drohen. Wissenschaft ist nicht im ganzen wahr und lebendig ohne den Glauben, der sie trägt.

Anders läßt sich dasselbe ausdrücken: da Wissenschaft sich nicht selbst überlassen werden kann, braucht sie Führung. Für die Verwirklichung der Wissenschaft ist entscheidend, woher diese Führung kommt und welchen Sinn sie der Wissenschaft gibt.

Weder Nutzen für andere Zwecke noch Selbstzweck kann — wie wir sehen — der wesentliche Antrieb zur Wissenschaft sein. Wohl kann die Führung von außen Wissenschaft zu einem Mittel für anderes verwenden. Aber dann bleibt der Sinn der Wissenschaft im ganzen doch verschleiert. Wird dagegen der Endzweck in das wissenschaftliche Wissen als solches gelegt, so gerät Wissenschaft in die Sinnlosigkeit. Die Führung muß von innen kommen, aus dem Grund der Wissenschaft selber, aber aus einem alle Wissenschaft umgreifenden Ursprung: dieser ist das u n b e d i n g t e W i s s e n w o l l e n. Die Führung durch unbedingtes Wissenwollen im ganzen kann aber nicht zureichend geschehen mit einem vorher gewußten Zweck und angebbarem, unmittelbar zu erstrebendem Ziel, sondern nur durch etwas, das selbst erst mit der Eroberung von Wissen wacher und heller wird, durch Vernunft. Wie ist das möglich?

Das u r s p r ü n g l i c h e W i s s e n w o l l e n in uns ist nicht ein beiläufiges Interesse; ein unbedingter Drang in uns treibt uns voran, als ob unser Wesen erst im Wissen zu sich kommen könnte. Kein einzelnes Wissen befriedigt mich, unablässig gehe ich weiter. Ich möchte mich wissend zum All erweitern.

In dieser Bewegung aus dem ursprünglichen Wissenwollen geschieht die Führung durch d a s E i n e d e s S e i n s. Das Wissenwollen geht nicht in Zerstreutheit auf beliebiges Einzelnes, sondern durch das Einzelne — da nur dieses geradezu und unmittelbar ergriffen werden kann — auf das Eine. Ohne den Bezug auf das Eine des Seins verliert Wissenschaft ihren

Sinn; durch diesen Bezug aber wird sie, selbst noch in ihren spezialistischen Verzweigungen, beseelt.

Das Eine aber ist nirgends geradezu zu finden. Immer wieder ist Gegenstand meiner Wißbarkeit nur ein E i n z e l n e s , ein Mannigfaltiges, ein endlos Vielfaches. Darum entspringt die Führung im Wissenwollen ständig aus zwei durch Vernunft ins Grenzenlose gesteigerten und gegenseitig aufeinander bezogenen Momenten: aus dem Wissenwollen dessen, was überall u n - a b s e h b a r wirklich ist und aus der Erfahrung des E i n e n durch ein nur in diesem Wissen erreichbares, erfülltes Nichtwissen:

Erstens also bringt mich Wissenschaft klar und entschieden vor den Tatbestand als solchen. Immer reiner bringt sie mir zur Gegenwart ein „s o i s t e s". Ich gewinne den Blick in die Erscheinung, die ich zwar nicht zureichend deuten, aber wie eine Sprache vernehmen kann. Wissenschaft zwingt, der wirklichen Erscheinung, aller Wirklichkeit ins Angesicht zu blicken, damit ich diese Sprache nicht vorzeitig vereinfache und sie nicht aus Wunsch und Neigung eindeutig und falsch höre. Aus dem Entzücken an der Schönheit und Harmonie in der Welt treibt Wissenschaft mich in das Erschrecken vor aller Zerrissenheit, Sinnfremdheit und vor der undeutbaren Zerstörung.

Zweitens komme ich dadurch, daß ich alle Wege der Erkennbarkeit gehe, durch Wissen zu jener Erfahrung des eigentlichen N i c h t w i s s e n s , das mir indirekt d a s E i n e a l s d i e T r a n s z e n d e n z zur Gegenwart bringt, sie wird der heimliche Führer all meines Wissenwollens. Durch sie erst ist es beseelt und sinnvoll.

Dieser Sinn ist selbst nicht mehr rational zu bestimmen. Er kann nicht etwa als gewußter zum Ausgang dienen für eine errechnende Wahl von Aufgabe und Weg der Wissenschaft. Nur i n der Wissenschaft, sich ihr anvertrauend, kann der Mensch den Grund erfahren, aus dem sie kommt, und worauf sie geht.

Frage ich mich, worauf all das Wissen hinaus soll, so kann ich in G l e i c h n i s s e n antworten: es ist, als ob die Welt erkannt werden wolle — oder als ob es zur Verherrlichung Gottes in der Welt gehöre, daß wir sie mit allen uns gegebenen Organen erkennen, daß wir in ihr gleichsam nachdenken die Ge-

danken Gottes, wenn wir auch nie diese selbst, sondern nur die
Vordergründe ihrer Erscheinung im Abbild erfassen.

Welche Führung die Wissenschaft hat aus der Vernunft im
ursprünglichen Wissenwollen — durch die Forderung der Welt
und im Transzendieren über sie —, das also entscheidet über
ihren Sinn und Wert. Wenn Philosophie das Denken ist, das
diese Führung erhellt, so kann doch auch sie nicht durch Befehl
leisten, was im Ursprung des wissenwollenden Menschen eigenständig wach werden muß.

Aus allem ergibt sich: Wissenschaft ist nicht der feste Boden,
auf dem ich ausruhe, sondern sie ist der Weg, den ich gehe, um
in der Gestalt der Unruhe (dieser meinem Zeitdasein zugehöri-
gen Bewegung des Wissenwollens) mich zu vergewissern der
Transzendenz, die schon im Wissenwollen mich führt.

Ist dieses klar geworden, so verstehen wir viele Erfahrungen
der Unbefriedigung am Wissen dadurch, daß wir der i n n e r -
l i c h e n F ü h r u n g e n t g l i t t e n sind. Wir spüren es, wenn
wir uns aus Neugier der bloßen Mannigfaltigkeit als solcher
überlassen, oder wenn uns Wissenschaft bloße Beschäftigung
wird. Wir horchen immer wieder auf die sinngebende Führung
in uns, die uns herausnimmt aus der Endlosigkeit des Beliebigen,
und die die Auswahl unserer Wege beim Studium und beim
Forschen bestimmt. Wir fühlen es wie eine Gewissenlosigkeit,
wenn wir — unsere Ratlosigkeit betäubend — uns dem bloßen
„Fleiß", gleichsam der inneren Trägheit einer bloßen Arbeit,
überlassen, statt uns ständig bereit zu machen für die diese
Arbeit erst lenkenden Ideen, die im Ursprung aus dem Einen
der Transzendenz sprechen.

Diese Führung aus dem Einen der Transzendenz ist jedoch
keineswegs eindeutig. Von niemandem kann sie als die allein
und für alle wahre ergriffen werden, und niemandem ist sie als
Besitz zu eigen. Sie findet statt gleichsam aus der Zwiesprache
des Denkenden mit der Vieldeutigkeit des Erkennbaren. Sie verwirklicht sich durch eine in sich kontinuierliche, voran- und
hinauftreibende jeweils geschichtliche Gestalt des Erkennens.
Sie ist wie ein Versuch und ein Wagnis.

Hier liegt der tiefe Grund, warum Wissenschaft als erregende
Funktion die Bedingung aller Wahrheit und Wahrhaftigkeit in
unserem Dasein wird.

7. Wissenschaft als Bedingung aller Wahrhaftigkeit.

Wissenschaft enthüllt die Täuschungen, mit denen ich mir das Leben leichter machen, mit denen ich den Glauben ersetzen oder gar den Glauben selbst in die Garantie eines Gewußtseins verwandeln möchte. Sie vertreibt die Verschleierungen, mit denen ich geneigt bin, mir Wirklichkeiten zu verbergen, da ich sie wissend nicht ertrage; sie löst die Verfestigungen auf, die das unkritische Denken hervorbringt und an die Stelle der unendlichen Erforschbarkeit setzt; sie verwehrt alle täuschende Beruhigung.

Wissenschaft gibt mir das Maximum an Klarheit über die Situation des Menschen und über meine Situation. Sie ist die Bedingung, ohne die ich der Aufgabe des Wissenkönnens nicht genüge, die meinem Wesen mitgegeben ist, und die das große Schicksal des Menschen ist, das ihn auf die Probe stellt, was dadurch aus ihm wird.

Wissenschaft entspringt der Redlichkeit und erzeugt sie. Es ist keine Wahrhaftigkeit möglich, die nicht die wissenschaftliche Haltung und Denkungsart in sich aufgenommen hätte. Für die wissenschaftliche Haltung ist charakteristisch das ständige Unterscheiden des zwingend Gewußten vom nicht zwingend Gewußten (ich will wissen, was ich weiß, und was ich nicht weiß), — damit zugleich das Wissen mit dem Wissen des Weges, der zu ihm führte, — und das Wissen der Grenzen des Sinns, in denen ein Wissen gilt. Wissenschaftliche Haltung ist weiter die Bereitschaft zur Hinnahme jeder Kritik an meinen Behauptungen. Für den denkenden Menschen — zumal für den Forscher und Philosophen — ist Kritik Lebensbedingung. Er kann nicht genug in Frage gestellt werden, um daran seine Einsicht zu prüfen. Noch die Erfahrung unberechtigter Kritik kann auf einen echten Forscher produktiv wirken. Wer sich der Kritik entzieht, will nicht eigentlich wissen.

Ist die Unbedingtheit wissenschaftlichen Wissenwollens eine unumgängliche Bedingung des Willens zur Wahrheit, so kann, wenn dies einmal im Menschsein wirklich geworden ist, daran kein Zeitalter etwas ändern. Wem Wissenschaft wirklich aufgeht — wer also nicht in der endlosen Vielfachheit der harmlos bleibenden Wißbarkeiten (weil sie nur als Ergebnisse hin-

genommen, nicht in ihrem möglichen Sinn erlebt sind) und
nicht in dem zweckhaft für Examen und Praxis ausgewählten,
in qualvoller Anstrengung zu lernenden Stoff hängen bleibt —,
dem wird die außerordentliche Mühe und Arbeit beflügelt von
einem Enthusiasmus und dem wird Wissenschaft Element seines
Lebens. Wie jederzeit ist auch heute der Zauber der Wissenschaft zu erfahren, wenn dem jungen Menschen die Welt weit
und hell wird. Und heute ist wie jederzeit (vielleicht noch
gesteigert) die Schwere der Wissenschaft zu erfahren, nämlich
die Gefahr des Wissens für die vorher bestehende naive Kraft
des Unbewußten und für die Lebenslügen. Es ist Tapferkeit
nötig, wenn einer nicht gleichgültig lernt, sondern fragend
begreift. Daher gilt noch immer: sapere aude!

8. Wissenschaft und Philosophie.

Aus unseren Erörterungen lassen sich zusammenfassend
einige Sätze über das Verhältnis von Wissenschaft und Philosophie aussprechen. Wenn beide nicht zusammenfallen, die
Philosophie nicht auch eine Wissenschaft neben den andern ist,
vielmehr beide wesensverschiedenen Ursprung, Methode, Wahr-
heitssinn haben, so sind doch beide eng aneinander gebunden.

a) Die Wissenschaft verhält sich zur Philosophie. Wissenschaft wehrt sich gegen die Verwirrung durch
Vermischung mit Philosophie, wendet sich gegen Spekulation
als eine Störung durch leere Bemühungen, entwickelt eine für
sie typische Philosophiefeindschaft.

Aber Wissenschaft vermag auch ihre eigenen Grenzen zu
erkennen. Da sie nicht alle Wahrheit ergreift, gibt sie der
Philosophie freien Raum auf deren eigenem Felde,
sie weder bejahend noch verneinend, sondern sie in ihrem
Denken nicht störend, so lange Philosophie nicht Urteile in
bezug auf Gegenstände fällt, die der wissenschaftlichen Forschung zugänglich sind. Wissenschaft sieht dem Philosophieren
auf die Finger, daß es nicht unbegründete Behauptungen und
vermeintliche Beweise vorbringt, und zwar tut sie das zum
Gedeihen sowohl der reinen Wissenschaft wie der Philosophie
selber.

Wissenschaft bedarf der Führung durch Philosophie, aber nicht in der Gestalt, daß Philosophie in ihr
angewendet würde, oder daß von der Philosophie die rechten

Anweisungen kämen (das beides würde vielmehr die abzuweh-
rende schlechte Vermischung sein). Vielmehr ist Philosophie
wirksam in den Antrieben des ursprünglichen Wissenwollens,
in den Ideen, welche hellsichtig machen und zur Wahl der
Gegenstände führen, in der Betroffenheit durch die Seinsbedeu-
tung der Erkenntnisse. Philosophie steckt in den Wissenschaften
selber als der Gehalt, der dem methodischen wissenschaftlichen
Verfahren, das doch durch ihn geführt ist, im ausdrücklichen
Bewußtsein entgeht. Gehaltvolle Wissenschaften sind gleichsam
konkrete Philosophie. Wenn in den Wissenschaften in diesem
Sinne ein Selbstbewußtsein des eigenen Tuns hell wird, so ist
dieses Selbstbewußtsein schon bewußtes Philosophieren. Die
Beschäftigung aber des Forschers mit philosophischen Bemühungen führt, obgleich keine Anwendungen und unmittelbare
Brauchbarkeiten in Frage kommen, zur Auflockerung des Um-
greifenden im Forscher, zum Erwerb und zur Verstärkung von
Antrieben für seine Forschung, zum Sinnbewußtsein seines
wissenschaftlichen Tuns.

b) Die Philosophie verhält sich zur Wissenschaft. Sie erkennt die Wissenschaft als ihre Voraussetzung
an. Zugleich mit dem Bewußtsein ihres Unterschiedenseins von
Wissenschaft bindet sich daher wahre Philosophie bedingungslos an Wissenschaft. Niemals gestattet sie sich, erkennbare
Wirklichkeit zu ignorieren. Was wirklich und was zwingend
erkennbar ist, will sie grenzenlos wissen und zur Wirkung kommen lassen in der Entwicklung ihres Seinsbewußtseins. Wer
philosophiert, drängt zu den Wissenschaften und will in wissenschaftlichen Methoden erfahren sein.

Weil Wissenschaftlichkeit als Haltung Bedingung der Wahrhaftigkeit ist, wird Philosophie zum Garanten der Wissenschaftlichkeit gegen die Wissenschaftsfeindschaft. Sie sieht eine
unerläßliche Bedingung der Menschenwürde in der Bewahrung
der wissenschaftlichen Denkungsart. Ihr gilt Mephistos Drohung
als wahr: „Verachte nur Vernunft und Wissenschaft, des
Menschen allerhöchste Kraft, . . . so hab ich dich schon unbedingt —"[1].

---

[1] Ueber das Wesen der Wissenschaft konnten hier nur thesen-
artige Aufstellungen gebracht werden. Ich erlaube mir, auf weitere
Ausführungen an folgenden Stellen meiner Schriften hinzuweisen:
Philosophie. Berlin 1932 Bd. I, S. 85ff (Grenzen der Weltorien-

Zweites Kapitel.

Geist. Existenz. Vernunft.

Unsere Vergegenwärtigung des Sinns von Wissenschaft stieß auf etwas, das mehr als Wissenschaft ist, auf ihren Grund und ihr Ziel, die beide nicht aus ihr selber zu beweisen sind, vielmehr den Gang der wissenschaftlichen Arbeit führen. Was dieses sei, ist von der Philosophie zu erhellen.[1] Es ist das Unerläßliche, ohne das Wissenschaft leer und sinnlos wird. Hier, wo es nur auf die Universitätsidee ankommt, die entscheidend durch Wissenschaft charakterisiert ist, muß ein kurzer Hinweis genügen. Ich muß mich auf dogmatisch scheinende Sätze beschränken:

Wir nennen das Umgreifende, aus dem und in dem wir leben: Geist, Existenz, Vernunft. Geist ist das Vermögen der Ideen; Existenz ist der Ernst des Unbedingten in bezug auf Transzendenz; Vernunft ist die Alloffenheit des Wesens.

G e i s t bewegt sich im Klarwerdenwollen als Ganzwerdenwollen. Ganzheit hat Gehalt durch die Idee. Diese wirkt in uns als Antrieb, sie ist objektiv das nie vollendete Ziel. Sie gibt im Forschen systematische Einheit durch Entwürfe, welche als Schemata der Idee zwar nie diese selber, aber Schritte oder Mittel ihrer Verwirklichung auf dem Wege sind. Geist ist die Macht der Vision; ohne Phantasie ist auch keine Wissenschaft schöpferisch. Geist ist die Fähigkeit der Wesensanschauung; er erblickt, was ist; er versteht das Innen; und er bringt herbei,

---

tierung), S. 149ff (Systematik der Wissenschaften), S. 212ff (Positivismus und Idealismus), S. 318ff (Philosophie und Wissenschaft).

„N i e t z s c h e". Berlin 1936. Das Kapitel „Wahrheit", S. 147ff.

„Die geistige Situation der Zeit", Berlin 1931. S. 118ff (Wissenschaft), S. 167ff (Das ursprüngliche Wissenwollen).

„D e s c a r t e s und die Philosophie", Berlin 1937. S. 32ff (Die Methode), S. 95ff (Wirkung der Verkehrung des Sinns moderner Naturwissenschaft).

„Existenzphilosophie", Berlin 1938 (Daraus in der ersten Vorlesung über „Philosophie und Wissenschaften" und in der zweiten Vorlesung über „Vernunft").

[1] Ueber Geist, Existenz, Vernunft eingehend in meinem Werk „Von der Wahrheit". Es ist bisher ungedruckt, weil der nationalsozialistische Staat mir in den letzten Jahren Veröffentlichungen verbot.

was als Gehalt dann der wissenschaftlichen Erhellung zugänglich wird.

E x i s t e n z trägt das geistige Leben durch den unbedingten Entschluß. Ohne diesen wird alles zum Spiel der genießenden Anschauung in unverbindlicher intellektueller Bewegung und ästhetischer Haltung. Der unobjektivierbare Sinn des Tuns erscheint in der Gewißheit des einzelnen Selbst. Das Selbst ist sich seiner bewußt in bezug auf die Transzendenz, durch die es ist. Die Ideen finden ihren Weg, wenn der Ernst der Existenz ihnen Kraft gibt.

Wenn der Geist in sich schließende Ganzheiten anschaut, die Existenz im Unbedingten gründet, so ist V e r n u n f t das Medium grenzenloser Erweiterung. Sie erlaubt nicht die Zerstreutheit der Isolation, sondern will Zusammenhang. Daher fordert sie im Denken Konsequenz, fordert, nicht dieses und jenes ganz unabhängig voneinander zu denken, sondern aufeinander zu beziehen, die Widersprüche zur Geltung zu bringen, keine Sache und keinen Gedanken vereinzelt zu lassen. Die Vernunft in uns drängt auf verstehende Berührung mit allem, was ist. Sie durchbricht jede Beschränkung, befreit von jeder Befangenheit. Sie läßt gelten und rettet gleichsam, wohin sie blickt, den Kern des Seienden.

Dieses Umgreifende, das wir sind oder sein können, ob wir es als Geist, als Existenz, als Vernunft uns bewußt machen, ist das eigentliche Leben, in dem Wissenschaft ihren Sinn und Grund findet. Daher das Geheimnis, das doch jeden Augenblick fühlbar ist, daß im Betriebe der Wissenschaften nicht der Verstand allein und nicht die handgreifliche Leistung die Sache ausmacht, sondern daß in der wissenschaftlichen Welt etwas schwingen muß: es ist in Werk und Persönlichkeit mehr als der je bestimmte endliche Inhalt einer Erkenntnis.

Geist, Existenz, Vernunft tragen die Wissenschaftlichkeit. Sie sind die Philosophie in der Wissenschaft, auch wenn sie nicht zum ausdrücklichen Bewußtsein kommen. Immer sind sie fühlbar, wo Wissenschaft als solche an ihren Grenzen steht. Von ihnen her kann die Leidenschaft des Wissenwollens gerade die Leidenschaft zum eigentlichen Nichtwissen sein, das heißt zu dem Nichtwissen, das nicht ein bloßes Nochnichtwissen ist, sondern das Wesentliche, das durch das Wissen offenbar wird, und nur um so tiefer sich zeigt, je klarer und reicher das

Wissen ist. Insofern ist die Weise des Nichtwissens die Gegenwärtigkeit des Philosophierens in allen Wissenschaften.

Drittes Kapitel.

Bildung.

Bildung ist ein erworbener Zustand. Gebildet heißt der
Mensch, der einem bestimmten geschichtlichen Ideal entsprechend geprägt ist. Ihm ist ein Ganzes von Vorstellungs-
weisen, Bewegungen, Wertungen, Sprechweisen und Fähigkeiten zur zweiten Natur geworden. Gebildet ist der Grieche in
seiner Kalokagathie, der Römer in seiner Haltung, die das
decorum und honestum wahrt, der Engländer als Gentleman.
Die Bildungsideale haben ihre Weise nach dem Stande, aus dem
sie kamen (Ritter, Priester, Mönch, Bürger), nach der geistigen
Sphäre, die bestimmend wurde (Weltmann, Künstler und
Dichter, Forscher), nach dem herrschenden Sachgebiet (das
musisch - gymnasische Geprägtsein, das scholastische Wissen
und Können, die sprachlich-literarische Bildung, das technisch-
naturwissenschaftliche Können), schließlich nach der Institution, in der die Bildung erworben wurde (Gymnasium, öffentliches Leben der Agora, Fürstenhof, Salon, Universität). Gemeinsam ist den Bildungsidealen der Sinn für Form und Selbst-
beherrschung, auch der Sinn dafür, daß durch Uebung die
Bildung zur zweiten Natur werden müsse, als ob alles angeboren
und nicht erworben sei.

Nicht Bildung, sondern nur ein Moment der Bildung ist das,
was man Fachbildung (im Gegensatz zur allgemeinen Bildung)
nannte, die Ausbildung zur Fertigkeit für einen bestimmten
Beruf, der ein besonderes Wissen und Geschicklichkeit verlangt.

Nicht Bildung, sondern eine Folge der Bildung ist die Berechtigung, die soziologisch privilegiert. Im hellenistischen Ägypten
machte die Ausbildung als Ephebe im Gymnasium zum Griechen,
der allein berechtigt war zu kommunalen Ämtern; man führte
Listen über die gymnasisch Gebildeten. Der Chinese gewann
durch Examina das Vorrecht, der Literatenschicht anzugehören
und Mandarin zu werden. Bei uns heißt gebildet, wer die Zeugnisse der höheren Schulen, früher nur des humanistischen Gym-
nasiums, besitzt. Ohne dies Abiturientenzeugnis ist die aka-

demische Ausbildung nicht zugänglich, die ihrerseits die Berechtigung zu bestimmten Berufen verleiht.

Zuweilen hat ein ganzes Volk das Bildungsideal eines Standes als das seine empfunden und zum allgemeinen gemacht. So wurde der geprägte und einheitliche Habitus des englischen Gentleman und des Franzosen möglich, während in Deutschland kein Stand ein Bildungsideal mit suggestiver Kraft entwickelt hat, darum der Deutsche als solcher ungebildet, Barbar, seine Bildung eine persönliche des Einzelnen ist.

Soweit an der Universität eine Bildung entsteht, ist sie wissenschaftliche Bildung. Diese ist bestimmt durch die Haltung der Wissenschaftlichkeit überhaupt und durch den Gehalt der Wissenschaften, die in der Bildung im Vordergrunde stehen.

Die Haltung der Wissenschaftlichkeit ist mehr als Fachwissen und Fachkönnen. Sie ist die Fähigkeit, zugunsten objektiver Erkenntnis die eigenen Wertungen für je einen Augenblick zu suspendieren, von der eigenen Partei, dem eigenen gegenwärtigen Willen absehen zu können zugunsten unbefangener Analyse der Tatsachen. Damit wird aber nicht nur sachlich freie Erkenntnis erworben, sondern auch die Erfahrung des eigenen Parteiseins verwandelt. Es werden Fanatismus und Blindheit aufgehoben. Die Erfahrung, selber nicht alles zu sein, macht echte Unbedingtheit möglich. Das Unlösbare, die Erfahrung von der Ungeschlossenheit der Welt wird zum Sprungbrett des Transzendierens. Die wissenschaftliche Haltung ist mehr als Förderung endlichen Erkennens. Sie ist eine Bildung zur Vernunft.

Wissenschaftlichkeit ist Sachlichkeit, Hingabe an den Gegenstand, besonnenes Abwägen, Aufsuchen der entgegengesetzten Möglichkeiten, Selbstkritik. Sie erlaubt nicht, nach Bedarf des Augenblicks dieses oder jenes zu denken und das andere zu vergessen. Ihr eignet das Skeptische und Fragende, die Vorsicht im endgültigen Behaupten, das Prüfen der Grenzen und der Art der Geltung unserer Behauptungen.

Bildung als Formung nach einem festen Ideal ohne ständige Bewegung der Vernunft durch Wissenschaften verfestigt und beschränkt. Bildung als Formung der Haltung, in Vernunft jeden Weg zu versuchen, die Bewegungen des Geistes allseitig zu vollziehen, öffnet dem Menschen den weitesten Raum.

Die wissenschaftliche Bildung hat weiter ihren Charakter durch den **Gehalt der Wissenschaften**, in denen der Forscher vorzugsweise lebt. Der Bildungswert der Naturwissenschaften und der Geisteswissenschaften hat einen sehr verschiedenen Charakter. Naturwissenschaftlicher Realismus und Humanismus scheinen wie zwei Bildungsideale. Beide beruhen auf wissenschaftlicher Forschung, das eine auf dem Umgang mit den Realitäten der Natur durch Beobachtung und Experiment, der andere auf dem Umgang mit Büchern und Werken des Menschen durch Verstehen.

In den Geisteswissenschaften verstehen wir den Geist. Unser Geist beschäftigt sich mit vergangenen Gestalten des Geistes. Wir bleiben im Element des Verstehbaren und berühren nur gelegentlich, als Grenze und als das Fremde, die unverstehbaren Daseinsbedingungen allen Geistes, etwa in geographischen Gegebenheiten, Rassen, Naturkatastrophen. Aber unser ganzes Dasein ist durchdrungen von diesem Unverstehbaren, das die Naturwissenschaft zu erkennen sucht. Wir erfassen es als ein Fremdes, nicht von innen verstehend, sondern von außen erklärend.

Geisteswissenschaften und Naturwissenschaften haben beide die Tendenz, je sich selber den Vorrang zu geben und zur eigentlichen Wissenschaft zu machen. Der Spiritualisierung tritt die Naturwissenschaft mit ihrem Wissen von der Realität, in die auch unser gesamtes geistiges Dasein verflochten ist, entgegen. Der Materialisierung und Biologisierung tritt die Geisteswissenschaft entgegen mit dem Wissen um den eigenen unableitbaren Ursprung des Geistes.

Ein Bildungsideal, in dem Humanismus und Realismus miteinander verbunden wären zu gegenseitiger Erleuchtung und Durchdringung, besteht bis heute nicht.

Der Bildungswert der Geisteswissenschaft ist die Erfüllung durch die Gehalte der menschlichen Vergangenheit, die Teilnahme an der Überlieferung, das Wissen um die Weite der menschlichen Möglichkeiten. Auch wo der Weg der Erkenntnis (der in der Philologie beschritten wird) vergessen ist, bleibt das Ergebnis als solches bedeutsam. Die Erfüllung der Seele mit den Schatten der Mythen, Bilder, Werke einer großen Vergangenheit ist als solche schon von Bildungswert. Der Bildungswert der Naturwissenschaften liegt in der Übung exakt-

realistischer Auffassung. Sehr viel weniger als bei den Geisteswissenschaften sind die Inhalte als solche von Bildungswert.
In der Physik und Chemie sind die Ergebnisse verhältnismäßig
gleichgültig, während der Weg, auf dem sie gewonnen sind (die
Methode), den Bildungswert hat. Wer hier nur Ergebnisse
kennt, hat ein im Grunde totes, geistloses Wissen. Die bloße
Aneignung der Ergebnisse schafft daher hier das Gegenteil von
geistiger Bildung. Es entsteht eine Dogmatik der zur Autorität
erhobenen Wissenschaft, die dem wirklichen Kenner fremd ist.
Am wenigsten Bildungswert hat aber bei den Naturwissenschaften, was bei der Menge im Vordergrund steht, die Dogma-
tisierung der Ergebnisse zum Weltbild. Ein Wissen, dessen Begründung ich nicht selbständig einsehen kann, hat hier nicht
nur keinen Bildungswert, sondern wirkt ruinös. Die doch im
Prinzip immer falschen Weltbilder wirken wie früher die
Mythen. Ein entseeltes Weltbild tritt an die Stelle der früheren
mythischen Welt; ein reiches, erfülltes, gehaltvolles Ganzes
wird ersetzt durch ein unendlich armes. Aber dieses wird wie
früher hingenommen als geglaubte, auf die Autorität der
Wissenschaft hin gültige Offenbarung. Leere naturwissenschaftliche Ansichten treten an Stelle lebendigen, anschauen-
den Verkehrs mit der Natur.

Das Gesagte gilt von den exakten Naturwissenschaften. Sie
leisten das Höchste an wissenschaftlicher Präzision und Sauber-
keit, lassen die größte Klarheit über die Voraussetzungen der
eigenen Erkenntnisakte entstehen. Sie bestätigen das Wort
K a n t s , Wissenschaft gebe es nur, soweit Mathematik anwendbar sei. Darum ist aber auch in diesem Felde alles am Be-
greifen der Erkenntnisschritte, und fast nichts am Hinnehmen
der Resultate gelegen. Die Naturwissenschaften umfassen jedoch ein weiteres Feld. Schon im Unlebendigen gibt es die
unendliche Gestaltenfülle der Minerale. Und das Leben zeigt
uns eine Realität, rätselhafter noch und undurchdringlicher
als die bloße Materie. K a n t schrieb, was noch heute gültig ist:
„Es ist ganz gewiß, daß wir die organisierten Wesen und deren
innere Möglichkeit nach bloß mechanischen Prinzipien der
Natur nicht einmal hinreichend kennen lernen, viel weniger uns
erklären können, und zwar so gewiß, daß man dreist sagen
kann, es ist für Menschen ungereimt, auch nur einen solchen
Anschlag zu fassen, oder zu hoffen, daß noch etwa dereinst ein

Newton aufstehen könne, der auch nur die Erzeugung eines
Grashalms nach Naturgesetzen, die keine Absicht geordnet hat,
begreiflich machen werde." Heute haben die Wissenschaften
vom Leben einen außerordentlichen Aufschwung genommen.
Und hier hat der bloße Inhalt als solcher schon eher einen Bildungswert. Die unendlichen Gestalten des Lebens eröffnen eine
Welt, die den vertrauten Umgang mit der Natur, wie ihn jeder
Mensch für sich hat, sinnvoll erweitert, klärt, vertieft. Der in
einem biologischen Weltbild entstehende Surrogatmythus ist
nicht ganz so schlecht wie der vom Mechanismus (der mathematischen Erkenntnis der Natur). Beider Bildungswert hängt
aber davon ab, wie weit das naturwissenschaftliche Wissen sich
umsetzt in lebendiges Beobachten, Anschauen, Zueigenmachen
der Umwelt. Wo dieses Wissen sich dogmatisiert zu einer Weltanschauung, da sinkt der Bildungswert. Wenn eine Dogmati-
sierung unvermeidlich wäre, dann würde eine echte mythische
Welt voller Wunder und Zauber als Bildungsfaktor jeder anderen vorzuziehen sein.

II. Die Aufgaben der Universität.

Aufgabe der Universität ist die Wissenschaft. Aber Forschung und Lehre der Wissenschaft dienen der Bildung geistigen Lebens als Offenbarwerden der Wahrheit.

Die Aufgabe läßt sich daher als Forschung, als Lehre, als Bildung (Erziehung) fassen. Wenn jede dieser drei Aufgaben für sich erörtert wird, so zeigt sich zugleich deren unlösbare Einheit (4. Kapitel).

Die Erfüllung dieser Aufgabe ist gebunden an die Kommunikation zwischen den denkenden Menschen, der Forscher untereinander, der Lehrer und Schüler, der Schüler untereinander, und je nach der geistigen Lage aller mit allen. Der Sinn dieser Kommunikation, ihrer Gestaltungen und ihrer Freiheit als der Mitte des Universitätslebens ist zu vergegenwärtigen (5. Kapitel).

Die Aufgabe der Universität wird erfüllt im Rahmen einer Institution, die mit den Daseinsbedingungen zugleich Formen für die Arbeit und die Verwaltung gestaltet. Das Institutionelle ist ebenso unerläßlich wie es ständige Gefahr ist (6. Kapitel).

Die Wissenschaft ist ihrem Sinne nach ein Ganzes. Mögen die Wissenschaften zerstreut entstehen und jederzeit auch zerfallen, sie suchen sich doch wieder im Kosmos der Wissenschaften. Die Universität ist gegliedert in einer Weise, die eine Repräsentation der Gesamtheit der Wissenschaften bedeutet (7. Kapitel).

Viertes Kapitel.
Forschung. Erziehung (Bildung). Unterricht.

Der Student kommt zur Universität, um Wissenschaften zu studieren und sich für einen Beruf vorzubereiten. Trotzdem Aufgabe und Situation scheinbar klar sind, ist der Student oft ratlos. Zunächst überwältigt ihn die M e n g e d e s L e r n - b a r e n , er fragt, worauf es vor allem ankommt. Einführungs-

vorlesungen, Übungskurse, Studienpläne helfen nur zum Teil
über diese Schwierigkeiten hinweg; letzthin muß er sich in der
Welt der Vorlesungen und Übungen doch selbst zurechtfinden.

Aber der Student erwartet von der Universität mehr. Zwar
studiert er ein Fach und denkt an einen Beruf, jedoch die Universität, ihm in ihrem ererbten Glanz erscheinend, repräsentiert das Ganze der Wissenschaften, und er hat Ehrfurcht vor
diesem Ganzen; er erwartet von diesem etwas zu spüren und
durch dieses Ganze eine begründete W e l t a n s c h a u u n g zu
finden. Der Weg zur Wahrheit soll ihm aufgetan, die Welt und
die Menschen sollen ihm klar werden, und das Ganze soll sich
ihm in einer unendlichen Ordnung, einem Kosmos, darstellen.
Wissenschaftliche Arbeit ist der Idee nach geistig, d. h. sie ist
bezogen auf das Ganze des Wißbaren.

Auch damit ist die Jugend noch nicht zufrieden. Der junge
Mensch fühlt das Leben ernster, weil für ihn selbst noch ent-
scheidungsvoller, als in späterem Alter, er fühlt sich bildsam
und voller Möglichkeiten, ist sich bewußt, daß es zu gutem
Teil an ihm liegt, was aus ihm wird. Er fühlt, daß es auf die
alltägliche Lebensführung ankommt, auf jede Stunde und jede
innere Regung seiner Seele. Der junge Mensch will e r z o g e n
sein, sei es in Unterwerfung unter einen Meister, sei es in
Selbsterziehung, sei es in kämpfender und liebender Kommunikation mit Gleichstrebenden.

Die Erwartungen werden an der Universität selten erfüllt.
Der erste Enthusiasmus hält nicht stand. Vielleicht war sich
der Student nie recht klar, was er wollte und was er tat. Jedenfalls gerät er in Enttäuschung und dann in Verwirrung. Er
gibt das eigentliche Streben auf und verrennt sich in Sack-
gassen: er lernt zum Examen und beurteilt alles nur danach,
was es für das Examen bedeutet; die Studienzeit empfindet er
als peinliche Übergangszeit zur Praxis, von der er nunmehr das
Heil erwartet; er erklärt, er sei wohl zu dumm, verstehe das
Wesentliche doch nicht und resigniere für einen Fachberuf; oder
er übersteigert seinen früheren Enthusiasmus zu bloßer
Schwärmerei, wird in der Arbeit fauler, will die Idee, das Ganze,
das Tiefste direkt erfassen ohne die ihm widerwärtige Mühe, in
der er nur Unwichtiges zu ergreifen meint; er hält das Lesen
einiger schöner Bücher für wissenschaftliche Arbeit, und er
verkehrt das Streben schließlich so sehr, daß er Erbaulichkeit

statt Wissenschaft sucht und das Katheder als Kanzel ansehen möchte.

Den Einzelnen führt in glücklichen Fällen sein persönlicher Genius den rechten Weg, d. h. einen Weg, der in sich Entwicklung und Zielhaftigkeit hat. Zuletzt gilt auch hier: am weitesten kommt, wer nicht weiß, wohin er geht. Eine Betrachtung unter der Idee eines Ganzen kann niemandem den Weg direkt zeigen. Aber die Betrachtung kann die Möglichkeiten fühlbar, Grenzen deutlich machen, Verwechslungen verhindern. Wer Wissenschaft will, wird auch hier, in den Fragen der Führung, Ordnung und Zielsetzung seiner geistigen Arbeit, nachdenken. Denn der Wille zum Wissen ist zugleich ein Wille zur Helligkeit im eigenen Tun. Dieses Streben für die geistige Existenz durch Klarheit zu unterstützen, dienen unsere Erörterungen.

Die Universität verlangt dreierlei: Unterricht für die besonderen Berufe, Bildung (Erziehung), Forschung. Die Universität ist Fachschule, Bildungswelt, Forschungsanstalt. Zwischen diesen drei Möglichkeiten hat man ein Entweder-Oder aufgestellt und gefragt, was man denn eigentlich von der Universität wolle; alles könne sie nicht leisten, man müsse sich für einen Zweck entscheiden. Man fordert eine Auflösung der Universität und die Einrichtung besonderer Fachhochschulen, Bildungshochschulen — letztere etwa in der Form besonderer Fakultäten, welche an den Universitäten nur der Bildung dienen sollen — und Forschungsanstalten. In der Idee der Universität bilden aber diese Zwecke eine untrennbare Einheit. Ein Zweck läßt sich vom anderen nicht lösen, ohne die geistige Substanz der Universität zu vernichten und zugleich sich selbst verkümmern zu lassen. Alle drei Zwecke sind Momente eines lebendigen Ganzen. In der Isolierung dieser Zwecke tritt ein Absterben der Geistigkeit ein.

1. Forschung.

Das ursprüngliche Wissenwollen ist der beherrschende Antrieb im Leben der Universität bei Lehrern und Schülern. Die Voraussetzung jeden Erkenntnisfortschritts ist aber die hartnäckige, unverdrossene Arbeit. Diese Arbeit enthält drei Momente:

a) Die Arbeit im engeren Sinne besteht im L e r n e n u n d Ü b e n , in der Erweiterung des Besitzes an Wissen und der

Beherrschung der Methoden. Sie ist die Grundlage alles weiteren, sie bedarf am meisten der Disziplin und Ordnung, sie
nimmt zeitlich den größten Umfang ein, sie kann jederzeit willkürlich in Angriff genommen werden. Durch sie schaffen wir
uns die Voraussetzungen, bilden wir unsere Werkzeuge, durch
sie gewinnen wir, wenn wir wissenschaftlich etwas Neues gefunden haben, den klaren Ausdruck, die methodische Kontrolle,
die eigentliche Durcharbeitung dessen, was sonst bloßer Einfall
bleibt. Diese Arbeit des Fleißes kann niemand gering achten.
Hier ist der gute Wille mächtig. Mit dieser Arbeit soll der
Student sofort beginnen, wie er es auf der Schule gelernt hat.
„Je früher der Mensch gewahr wird, daß es ein Handwerk, daß
es eine Kunst gibt, die ihm zur geregelten Steigerung seiner
natürlichen Anlagen verhelfen, desto glücklicher ist er."
(G o e t h e.) Wer allerdings auf dieses Handwerkliche pochen
wollte und dadurch allein seiner Geistigkeit Wert geben möchte,
wäre im endlos Stofflichen verloren. Bloßer Fleiß wendet sich
in unedlem Ressentiment wohl gegen wahre Geistigkeit, in der
noch weitere Momente entscheidend wirksam sind.

b) Damit das Arbeiten nicht bloße Endlosigkeit werde, damit
Sinn und I d e e darin sei, bedarf es eines durch guten Willen
allein nicht Erwerbbaren. Ideen, selbst nicht rational als richtig
einsichtig, geben den Erkenntnissen erst ihre Wichtigkeit, dem
Forscher die treibende Kraft. Ideen wachsen und bewegen und
sind nicht willkürlich herbeizuzwingen, wachsen aber auch nur
bei dem Menschen, der stetig arbeitet. „Einfälle" kommen un-
berechenbar. Wodurch das Erkennen allein gedeiht, dieses Nicht-
klare, Nichtzumachende und nicht rational Durchschaubare,
bedarf der Pflege. Der geistige Forscher gehört zu denen, die
„immer daran denken", von ihrem Studium ganz durchdrungen
sind. Ungeistig ist die Trennung des Lebens in Arbeit und
Amüsement. Die Lebensweise ist eine Bedingung, daß Einfälle
kommen, und insbesondere, daß sie ernst genommen werden.
Mancher hatte einen guten Gedanken und hat ihn nichtachtend
schnell vergessen.

c) Der Grundlage der Fleißarbeit und dem Leben der Ideen
gegenüber hat der wissenschaftliche Mensch ein i n t e l l e k -
t u e l l e s G e w i s s e n. Überall sieht er. daß er sich dem
guten Glück, einem dunklen Instinkt anvertrauen muß, aber
überall auch will er, soweit ein redliches Bewußtsein reicht,

Kontrolle und Herrschaft über seine Arbeit. Gegen das Gewissen ist ihm der stupide Fleiß ohne Ziel, und gegen das Gewissen ist ihm bloßes Gefühl und Glauben, bloße Zustimmung und Erbauung, die sich ihm nicht umsetzen in Gestalt und Tätigkeit. Das Zufällige und Isolierte sucht er auf ein Ganzes zu beziehen, er erstrebt die Kontinuität, wehrt sich gegen willkürliches Abbrechen, und bricht doch ab, wenn sein Gewissen ihn zwingt, einem weiterführenden „Einfall" zu folgen, der nun seinerseits in intensiver Kontinuität verfolgt wird. Häufiges Abbrechen und Neuanfangen erregt sein Mißtrauen, ebenso wie absolut regelmäßige Kontinuität des Fleißes. Weil er zu den tiefsten Gründen der Ideen strebt und diese in seiner Arbeit zur Geltung kommen lassen will, ist er der Mode und dem bloß Aktuellen wenig zugänglich, aber der Gegenwart, dem Augenblick als dem leibhaftigen Dasein des Ewigen aufgeschlossen. Er vermag sich einzuspinnen und er weiß, daß niemand von außen beurteilen kann, ob er recht handelt. Sein geistiges Gewissen entscheidet und kann durch keinen Rat von außen erleichtert werden.

Die aus diesen drei Momenten bestehende geistige Arbeit soll an der Universität gedeihen.

Das Erkennen bedarf der I n h a l t e. Das allumfassende Erkennen will nichts sich entgehen lassen. Was immer in der Welt ist, soll in den Raum der Universität gezogen werden, um Gegenstand der Forschung zu werden. Nicht aus dem Kopf allein kann das Erkannte hervorgebracht werden. Das gelingt nur in den Grenzfällen der Mathematik und Logik, in denen wir, was wir denken, selbst konstruieren oder jeden Augenblick in der Alltagserfahrung vorfinden. Vielmehr bedarf der Erkennende überall des Stoffes in der empirischen Anschauung. Die Universität schafft es herbei, bietet es dem Forscher und Studierenden an: Institute, Sammlungen, Bibliotheken, Kliniken; die Objekte selbst oder deren Abbildungen, Apparate und Präparate, die Mittel zum Experimentieren.

Die toten Objekte reichen nicht aus für die gesamte Welt des Wißbaren. Geistigkeit ist nur als lebendige da. Das Selbstbewußtsein einer Zeit und einer Kultur spricht sich in Begriffen aus, wenn der denkende Mensch in Wechselwirkung mit der Zeit, in Verkehr mit geistig produktiven Menschen steht, in unmittelbarer Erfahrung die Gegenwart kennen lernt. Daher besteht an der Universität als Hintergrund des Denkens ein

Fluidum geistigen Lebens, eine niemals einzufangende, auch
nicht willensmäßig oder durch Institution herbeizuführende
Beweglichkeit der Menschen, eine persönliche, verschwiegene
Schicksalshaftigkeit. Es bilden sich Kreise und menschliche
Beziehungen unberechenbarer Art, die kommen und gehen, und
die Universität wird arm, wenn dieser menschlich-geistige Unter-
grund nicht mehr pulsiert, nur noch Pedanten und Philister mit
dem ihnen fremden Stoff sich abgeben, und es nur noch Philologie, keine Philosophie, nur noch technische Praxis, nicht mehr
Theorie, nur noch endlose Tatsachen, keine Idee mehr gibt.

Eine Erweiterung der immer begrenzten Welt der Universität
durch Reisen, durch Aufnahme von Gästen, durch weite und
in die persönliche Tiefe gehende Beziehungen auch auswärtigen
Verkehrs, durch Teilnahme an praktischen Aufgaben, zu denen
vielleicht Glieder der Universität berufen werden, denen andere
(die Ärzte) ständig dienen, alles das kommt der Universitätsidee zu Hilfe, wenn es sich mitteilt und sich umsetzt in Gedachtes
und Widerhall findet in der Welt der forschenden Genossen.

Wenn Forschung die Aufgabe der Universität ist, so ist diese
Aufgabe hier doch nur unter Hemmungen durch andere Aufgaben erfüllbar, — wenigstens könnte es so scheinen. Daher,
schloß man, wären besser reine F o r s c h u n g s a n s t a l t e n ,
die unbeschwert von anderen Aufgaben nichts anderes als
Forschung zum Ziele haben. Solche Forschungsanstalten sind in
der Tat mit Erfolg verwirklicht worden. Aber im Grunde bleiben
sie Ableger der Universität. Sie werden auf die Dauer doch nur
gedeihen im Zusammenhang mit ihr. Nicht nur daß aller Nachwuchs ihnen von den Universitäten kommen muß, auch die
Forschung als solche ist angewiesen auf den Zusammenhang
mit dem Ganzen des Wissens, auf den Verkehr mit Forschern
jeder Art. Sofern Forschungsanstalten nicht durch das Objekt
ihrer Forschung an andere Stellen gebunden sind, werden sie
gern Orte wählen, an denen auch Universitäten sind. Eine Weile
kann eine spezialisierte Forschung ihre erstaunlichen Ergebnisse
haben, besonders in den Naturwissenschaften. Aber der Sinn
und der schöpferische Fortgang der Forschung kann nur
bewahrt werden, wenn sie im Ganzen des Erkennens ihre
lebendigen Bezüge pflegt. Daher kann der einzelne Forscher zwar
mit Vorteil für eine Zeit oder für den Rest seines Lebens an
einer reinen Forschungsanstalt von den andern Aufgaben einer

Universität enthoben sein. Was er geworden ist, ist er doch in deren Zusammenhang geworden, in den er vielleicht eines Tages zurückkehrt. Oft, ja meistens, ist die Erfüllung der Lehraufgabe anregend auch für die Forschung.

Vor allem aber braucht die Lehre die Forschung zu ihrer Substanz. Daher ist das hohe und unaufgebbare Prinzip der Universität die V e r b i n d u n g   v o n   F o r s c h u n g   u n d L e h r e ; nicht weil man aus ökonomischen Gründen durch Häufung der Arbeit sparen wollte; nicht weil man nur so die materielle Existenz der Forscher ermöglichen könnte; sondern weil der Idee nach der beste Forscher zugleich der einzig gute Lehrer ist. Denn der Forscher kann zwar didaktisch ungeschickt sein, nämlich ungeschickt zur bloßen Vermittlung eines zu lernenden Stoffes. Aber er allein bringt in Berührung mit dem eigentlichen Prozeß des Erkennens, dadurch mit dem Geist der Wissenschaften, statt mit den toten, lernbaren Ergebnissen. Er allein ist selbst lebende Wissenschaft, und im Verkehr mit ihm ist die Wissenschaft, wie sie ursprünglich existiert, anschaubar. Er weckt gleiche Impulse im Schüler. Er führt an die Quelle der Wissenschaft. Nur wer selbst forscht, kann wesentlich lehren. Der andere tradiert nur Festes, didaktisch geordnet. Die Universität aber ist keine Schule, sondern Hochschule.

Die Universität enthält Fachschulung für Berufe, deren Idee durch Menschen erfüllt wird, deren Grund Wissenschaftlichkeit ist. Dieser bedarf einer Ausbildung, welche noch ohne spezialisierte Berufsausbildung in die Haltung des Forschens und der Methoden einführt. Für diese besonderen Berufe ist daher die beste Ausbildung nicht das Erlernen eines abgeschlossenen Wissens, sondern die Schulung und E n t f a l t u n g   d e r O r g a n e   z u   w i s s e n s c h a f t l i c h e m   D e n k e n. Dann ist durch das Leben hindurch eine weitere geistig-wissenschaftliche Ausbildung möglich. Für die Berufsausbildung kann die Universität überall nur die Basis geben, die Ausbildung selbst erfolgt in der Praxis. Für diese Ausbildung in der Praxis sollen die besten Bedingungen geschaffen werden. Man muß Methoden des Fragens geübt haben, man muß fachmäßig irgendwo bis auf den letzten Grund gekommen sein. Man braucht aber nicht die Gesamtheit der fachmäßigen Ergebnisse im Kopf bereit zu haben. Das ist, wo es der Fall ist, doch nur eine vorübergehende Illusion. Denn nach dem Examen wird schnell vergessen. Dann

entscheidet nicht der Besitz an Gelerntem, sondern die Urteilskraft. Nicht das Wissen hilft, sondern die Fähigkeit, durch
eigene Initiative sich überall das erforderliche Wissen zu verschaffen, die Fähigkeit, die Dinge denkend unter Gesichtspunkten aufzufassen, fragen zu können. Diese Fähigkeit aber
wird nicht durch Erlernung von Wissensstoff erworben, sondern
durch die Berührung mit der lebendigen Forschung. Das schließt
nicht aus, daß auch das Technische, das didaktisch zu Ordnende
des Stoffes gelernt werde. Dieses aber kann auf selbständiges
Bücherstudium abgeschoben werden. „Die hohe Schule ist kein
Gymnasium", sagte man noch vor einem halben Jahrhundert.
Auch ist es durchaus sinnvoll, im theoretischen Studium möglichst viele solche Stoffe heranzuziehen, die zugleich für spätere
Praxis wichtig sind. Aber das Wichtigste bleibt der bewegliche
Geist, das Erfassen der Probleme und Fragestellungen, die
Beherrschung der Methoden.

Die Universität ist ihrem Namen nach universitas[1]: das Erkennen und Forschen besteht, wenn es auch nur in Facharbeit
gedeiht, doch auch nur als ein Ganzes. Die Universität verfällt,
wenn sie ein Aggregat von Fachschulen wird, neben denen sie
Liebhabereien, sogenannte allgemeine Bildung und bodenloses
Gerede in Allgemeinheiten als gleichgültige Verzierungen zuläßt.
Wissenschaftliche Lebendigkeit besteht in B e z i e h u n g a u f
e i n G a n z e s. Jede einzelne Wissenschaft existiert in Beziehung auf das Ganze der wissenschaftlichen Erkenntnis überhaupt. Darum ist es der Sinn der Universität, ihren Schüler mit
der Idee dieses Ganzen seiner besonderen Wissenschaft und der
Idee des Ganzen des Erkennens zu erfüllen. All der Schulbetrieb,
der Erwerb der Routine und des Stoffwissens wird dann schäd-
lich, wenn er nicht in bezug auf die Idee der Wissenschaft bleibt
oder gar das Erfülltwerden von ihr lähmt.

Beide Momente, das Legen der Keime zur lebenslänglichen
Entfaltung wissenschaftlichen Auffassens und Erkennens, und
die Richtung auf das Ganze des Erkennbaren, sind die durch die
Universität zu gebenden Voraussetzungen für alle geistigen
Berufe; das sind die Berufe, die nicht allein auf Ausübung einer
Technik und einer endlich bestimmten, durch Ausübung zur

---

[1] Der Name hatte ursprünglich den Sinn: Universitas der Lehrer und
Schüler, ist aber längst im oben gemeinten Sinn umgedeutet worden.

sinnvollen Routine werdenden Fachlichkeit beruhen. Der Arzt, der Lehrer, der Verwaltungsbeamte, der Richter, der Pfarrer, der Architekt, alle sind im Beruf beschäftigt mit dem ganzen Menschen, mit der Totalität der Lebensverhältnisse, wenn auch jeder von ganz anderer Seite her. Die vorbereitende Ausbildung für diese Berufe ist geistlos und macht im Berufe unmenschlich, wenn sie nicht auf das Ganze führt, nicht die Auffassungsorgane entwickelt und den weiten Horizont zeigt, wenn sie nicht „philosophisch" macht. Mängel in der Fachroutine, die unter allen Umständen zur Zeit der Staatsexamina in erheblichem Maße bestehen, können im Laufe der Praxis beseitigt werden. Fehlt aber jener Boden geistiger wissenschaftlicher Ausbildung, so ist alles weitere hoffnungslos.

Jeder, der einen geistigen Beruf ausübt, ist seiner Denkweise nach im Umgang mit den Dingen ein Forscher. Forscher aber ist, wer in der Bewegung des Erkennens bleibt und aus Ideen auf das Ganze gerichtet ist. Die einzig wahre Erziehung in den Wissenschaften für die Praxis ist daher das Teilnehmenlassen an der forschenden Haltung.

Die Richtung auf das Ganze heißt „philosophisch", daher ist alle Wissenschaft philosophisch, sofern sie nicht über den Mitteln den Zweck vergißt, nicht im Lexikalischen, in den Apparaten, in den Sammlungen, im Technischen und im bloß Vereinzelten untergeht und die Idee verliert. K a n t hat gesagt, daß die Würde, das ist der absolute Wert der Philosophie, allen anderen Erkenntnissen erst einen Wert gebe. Das heißt nicht, nun sollten alle Philosophie studieren. Mancher Forscher hat seinen philosophischen Impuls außer in seinen neuen Fragestellungen auch in seinem Schelten auf „die Philosophie" gezeigt. Auf die Philosophie i n der Wissenschaft kommt es an wie auf die Philosophie i m Leben, nicht auf philosophisches Gerede und philosophische Terminologie — das ist meist jene gescholtene schlechte Philosophie. Es kommt an auf den philosophischen Impuls, von dem die Forschung ausgeht, auf die Idee, die sie führt, auf den Sinn, der der Forschung Wert und Selbstzweck gibt. Darum ist diejenige Philosophie wertvoll, die Sauerteig der Wissenschaften wird und die den wissenschaftlichen Menschen zu prägen vermag, diejenige Philosophie, die der Idee nach die ganze Universität durchdringt. Das Dasein besonderer philosophischer Lehrstühle und einer besonderen esoterischen Philosophie, die ohne Berührung mit dem Ganzen scheinbar als besondere Fachwissenschaft gedeiht, ist eine Einzelfrage der Organisation und des Unterrichts.

2. Erziehung (Bildung).

Wie alle Tradition bedingt ist durch die besondere Gestalt des gesellschaftlichen Organismus, so ist auch die bewußte Erziehung abhängig von ihm. Die Erziehung wechselt mit den Gestalten, die das geschichtliche Leben der Völker annimmt. Die Erziehungseinheit ist durch eine gesellschaftliche Einheit gegeben, z. B. die Kirche, den Stand, die Nation. Erziehung ist die Weise, wie die besonderen gesellschaftlichen Gestalten durch die Generationen hindurch sich selbst erhalten. Darum wandelt sich mit gesellschaftlichen Umwälzungen auch die Erziehung und wenden sich Erneuerungsversuche zuerst den pädagogischen Fragen zu. Darum wird auch das Nachdenken über Sinn und Mittel der Erziehung ganz von selbst bis zu Staat und Gesellschaft geführt, und Entwürfe wie P l a t o s Staat sehen staatliche und Erziehungsorganisationen zu einer großen Einheit zusammenfallen. Die Erziehung prägt den Einzelnen zum Glied des Ganzen, und das Ganze ist Mittel der Erziehung des Einzelnen.

Sehen wir uns einige Seiten der Erziehung in bezug auf ihre historische Wandelbarkeit an. Die Inhalte des Unterrichts werden gewählt nach den Bedürfnissen der jeweiligen Gesellschaft: theologisches Wissen beim Priesterunterricht, sprachliche Kenntnisse und Fertigkeiten bei humanistischen Bedürfnissen, die mythischen Inhalte der Dichter beim griechischen Kaloskagathos. Heute sind soziologische, ökonomische, technische, naturwissenschaftliche und geographische Kenntnisse betont wichtig. Die Erziehung wechselt mit den Bildungsidealen. Die Schulinstitutionen sind selbst ein Abbild der soziologischen Struktur; es gab Standesschulen, Ritterakademien, Privatunterricht der Aristokraten und Patrizier. Alle Demokratie verlangt gemeinsame Erziehung, weil nichts die Menschen so sehr gleich macht als die gleiche Erziehung.

Sehen wir nun von der soziologischen und historischen Bedingtheit ab und suchen wir sachliche Grundformen der Erziehung auf, so zeigen sich folgende drei Möglichkeiten:

a) Scholastische Erziehung: Die Erziehung beschränkt sich auf das bloße „tradere". Der Lehrer reproduziert nur, ist nicht selbst lebendiger Forscher. Der Lehrstoff ist System. Es gibt autoritative Schriftsteller und Bücher. Der Lehrer wirkt unpersönlich, nur als Vertreter, der durch jeden anderen ersetzbar ist. Der Stoff ist in Formeln gepreßt. Im Mittelalter diktierte man und kommentierte. Das Diktieren fällt heute fort, da es durch Bücher ersetzbar ist. Der Sinn ist auch noch heute denkbar. Man ordnet sich einem Ganzen unter, in dem man geborgen ist, ohne sich einer einzelnen Persönlichkeit zu verschreiben. Das Wissen ist als ein geordnetes Weltbild endgültig fixiert. Die Gesinnung ist: man will das Feste lernen, die Ergebnisse sich aneignen, „schwarz auf weiß nach Hause tragen". — Das Scholastische bleibt eine unumgängliche Basis der rationalen Tradition.

b) Meistererziehung: Maßgebend ist nicht eine unpersönliche Tradition, sondern eine Persönlichkeit, welche als einzig empfunden wird. Die ihr gezollte Verehrung und Liebe haben einen Zug der Anbetung. Die Distanz in Unterordnung setzt nicht nur einen Unterschied des Grades, nicht nur einen Unterschied der Generationen, sondern einen qualitativen Unterschied. Die Autorität der Persönlichkeit hat eine wunderbare Kraft. Das Bedürfnis nach Unterordnung, das Bedürfnis, der Verantwortung zu entgehen, die Erleichterung im Sichanhängen, die Steigerung des sonst geringen Selbstbewußtseins durch die Zugehörigkeit zu einem solchen Bunde, das Verlangen nach strenger Erziehung, die aus eigener Kraft nicht gelingt — solche Motive finden sich zusammen.

c) Sokratische Erziehung: Lehrer und Schüler stehen dem Sinn nach auf gleichem Niveau. Beide sind der Idee nach frei. Es gibt keine feste Lehre, sondern es herrscht das grenzenlose Fragen und das Nichtwissen im Absoluten. Die persönliche Verantwortung wird damit auf das äußerste gebracht und nirgends erleichtert. Die Erziehung ist eine „mäeutische", d. h. es wird den Kräften im Schüler zur Geburt verholfen, es werden in ihm vorhandene Möglichkeiten geweckt, aber nicht von außen aufgezwungen. Nicht das zufällige, empirische Individuum in seiner besonderen Artung kommt zur Geltung, sondern ein Selbst, das im unendlichen Prozesse zu sich kommt, indem es sich verwirklicht. Dem Drange der Schüler, den Lehrer zur Autorität und zum Meister zu machen, widersteht der sokratische Lehrer als der größten Verführung der Schüler: er weist sie von sich auf sich selbst zurück; er versteckt sich in Paradoxien, macht sich unzugänglich. Es gibt nur kämpfende Liebe als Prozeß zwischen ihnen, nicht sich unterwerfendes Anhängen. Der Lehrer weiß sich als Mensch und er fordert, daß der Schüler Mensch und Gott unterscheide.

In allen drei Typen der Erziehung herrscht E h r f u r c h t. Diese findet ihren Gipfel bei der scholastischen Erziehung in einer Tradition, die zugleich in einer hierarchischen Ordnung der Menschen leibhaft gegenwärtig ist; bei der Meistererziehung in der Persönlichkeit des Meisters; bei der sokratischen Erziehung in der Idee des unendlichen Geistes, in dem es auf eigene Verantwortung vor der Transzendenz zu existieren gilt.

Ohne Ehrfurcht ist keine Erziehung möglich. Bestenfalls kann ein betriebsames Lernen übrigbleiben. Ehrfurcht ist die Substanz aller Erziehung. Ohne das Pathos eines Absoluten kann der Mensch nicht existieren, es würde ohne das alles sinnlos sein.

Dieses Absolute ist entweder universalistisch: der Stand, für den man erzogen wird, oder der Staat, oder eine Religion in Gestalt der Kirche; oder es ist individualistisch: Wahrhaftigkeit, Selbständigkeit, Verantwortung, Freiheit; oder es ist beides in Einem.

In dem Maße, als die Substanz fraglich wird, formalisiert sich die Erziehung. Die Ehrfurcht wird künstlich hochgehalten durch bewußtes Geheimnis als Mittel der Oberen, durch Forderung persönlicher Autorität und blinden Gehorsams, durch Weckung der im Menschen liegenden Lust an Unterwerfung. Statt einer disziplinierten Arbeit für die Substanz bleibt leere „Pflichterfüllung". Statt des Agens um die besten Leistungen entsteht der eitle Ehrgeiz, der in der Anerkennung und Zensierung das Endziel sieht. An Stelle des Hineinwachsens in ein substantielles Ganzes tritt bloßes Lernen von Dingen, die nützlich sein können. Statt bejahter Bildung unter einem Ideal bleibt der Erwerb von schnell wieder zu vergessenden Kenntnissen für ein Examen, durch welches Bildung bescheinigt wird.

Alle bewußte Erziehung kann die Mittel suchen. Aber sie setzt Substanz voraus. Ohne Glauben gibt es keine echte Erziehung, sondern bloße Unterrichtstechnik.

Wenn die Substanz fraglich geworden, der Glaube unbestimmt ist, so fragt man bewußt nach den Erziehungszielen. Das Suchen nach dem Erziehungsziel aber ist hoffnungslos,

wenn es etwas anderes ist als das Sichbewußtmachen der gegenwärtigen Substanz, des eigenen Willens, wenn man es von außen
zu finden sucht, statt aus eigenem Dasein es sich offenbar zu
machen. Daher die geringe Bedeutung der Schlagworte von Erziehungszielen, die man hören kann: Ausbildung der besonderen
Eignung, Ertüchtigung, Weltorientierung, Charakterbildung,
Nationalbewußtsein, Kraft und Selbständigkeit, Ausdrucks-
fähigkeit, Bildung der Persönlichkeit, Schaffung eines alle ver-
bindenden gemeinsamen Kulturbewußtseins usw.

Die Erziehung an der Universität ist ihrem Wesen nach sokratische Erziehung. Sie ist nicht die ganze Erziehung und ist nicht
Erziehung wie auf den Schulen. Studenten sind Erwachsene,
nicht Kinder. Sie haben die Reife der vollen Selbstverantwor-
tung. Die Lehrer geben keine Anweisungen und keine persönliche Führung. Das hohe Gut, das mit der Selbsterziehung des
Einzelnen in der Luft der Universität erworben werden kann,
die Freiheit, ist verloren, wenn eine Erziehung stattfindet, wie
sie großartig etwa in geistlichen Orden, ferner auch in Kadet-
tenanstalten, in der Janitscharenzucht entfaltet worden ist. Es
schließt sich aus, solcher allgemeinen Zucht oder einem Meister
sich zu unterwerfen und zugleich zu den Erfahrungen ursprünglichen Wissenwollens und damit menschlicher Selbständigkeit
zu kommen, die sich nur vor Gott geschenkt und gebunden
weiß.

Erziehung an der Universität ist der Prozeß der Bildung zu
gehaltvoller Freiheit, und zwar durch Teilnahme an dem geistigen Leben, das hier stattfindet.

Diese Bildung ist keine abtrennbare Aufgabe. Daher ist neben
dem Prinzip der Einheit von Forschung und Lehre ein zweites
Prinzip der Universität die Verbindung von Forschung und
Lehre mit dem Bildungsprozeß. Forschung und Fachschulung
haben bildende Wirkung, weil sie nicht nur Kenntnisse und
Können vermitteln, sondern Ideen des Ganzen erwecken und
eine Haltung der Wissenschaftlichkeit entwickeln. Die Ausbildung geistig bewegten Erkennens ist aber noch nicht die volle
Bildung zum geprägten Menschen. Diese enthält mehr. Doch
ein wesentlicher Einschlag ist die Bildung durch die Universität.

Nicht jede beliebige und nicht eine endgültige Bildung erwächst der Universitätsidee. Aber innerhalb des Gesamtbildes
eines Menschen spielt die rationale und philosophische Prägung

eine so entscheidende Rolle, daß mit dem Ergriffensein von dem
grenzenlosen Willen zum Forschen und Klären, eine eigentümliche Bildung verknüpft ist: sie fördert die Humanitas, d. h. das
Hören auf Gründe, das Verstehen, das Mitdenken auf dem
Standpunkt eines jeden anderen, die Redlichkeit, die Disziplinie-
rung und Kontinuität des Lebens. Aber diese Bildung ist natür-
licher Erfolg, nicht bewußtes Ziel, und durch die Aufstellung
der Bildung zu einem besonderen, in Loslösung von den Wissenschaften erreichbaren Ziel, wird gerade solche Bildung verloren.
Mag man an eine dünne „humanistische" Bildung denken, die
statt philologisch-methodischer Schulung Ergebnisse und an-
schaubare schöne Dinge zum Genusse und Gerede darbieten
würde. Oder mag man an Bildungsprozesse denken, die in die
Seele greifen, indem sie an religiöse Bedürfnisse sich wenden:
die Universität ist keine Kirche, kein Orden, kein Mysterium,
nicht der Ort für Wirksamkeit von Propheten und Aposteln.
Ihr Grundsatz ist: auf intellektuellem Gebiet alle Werkzeuge
und Möglichkeiten zu geben, an die Grenzen zu führen, den
Lernenden aber in allem Entscheidenden des Handelns auf sich
selbst zu verweisen, auf seine eigene Verantwortung, die gerade
durch das Erkennen erst recht geweckt und auf das höchstmög-
liche Niveau und in das hellste Bewußtsein der Bedeutung
gebracht wird. Die Universität stellt die Anforderung rück-
sichtslosen Erkennenwollens. Da Erkennen nur in selbständiger
Initiative möglich ist, ist ihr Ziel diese Selbständigkeit und damit für das Leben überall: die eigene Verantwortung des Einzelnen. Sie kennt innerhalb ihrer Sphäre keine Autorität, sie
respektiert nur die Wahrheit in ihren unendlichen Gestalten,
diese Wahrheit, die alle suchen, die aber niemand endgültig und
fertig besitzt.

Diese Bildung durch die Universitätsidee ist wesentlich gegründet in dem ursprünglichen Wissenwollen. Ihm ist das Erkennen Selbstzweck. Das in solcher Bildung erwachsene Menschsein ist unbeirrbar und zugleich unendlich bescheiden. Was der
Zweck des Daseins, das Endziel sei, ist durch keine bloße Einsicht zu entscheiden. Hier ist jedenfalls ein Endzweck: die Welt
will erkannt werden. An der Universität hat die Forschung
nicht nur ihren Platz, weil sie die Grundlagen für die wissenschaftliche Erziehung zu praktischen Berufen gibt, sondern weil
die Universität für die Forschung da ist, in ihr ihren Sinn er-

füllt. Der Student ist angehender Gelehrter und Forscher, und er bleibt sein Leben lang ein philosophisch wissenschaftlicher Mensch, wenn er in jene Bewegung dauernden Wachsens der Idee eingetreten ist, auch wenn er sich auswirkt im praktischen Beruf der Wirklichkeitsgestaltung, die nicht weniger produktiv ist als die wissenschaftliche Leistung im engeren, literarisch sichtbaren Sinn.

Die Freiheit des Lebens in der Idee hat auf den ersten Blick „gefährliche" Folgen. Da dieses Leben nur aus eigener Verantwortung gedeiht, wird schon der Student auf sich selbst zurückgewiesen. Der Freiheit der Lehre entspringt die Freiheit des Lernens. Keine Autorität, keine vorschriftsmäßige Lebensführung und schulmäßige Studienleitung darf den Studenten beherrschen. Er hat die Freiheit, zu verkommen. Oft ist gesagt worden: man muß Jünglinge wagen, wenn Männer entstehen sollen. Wohl spielt auch der scholastische Unterricht eine berechtigte Rolle, das Lernen im engeren Sinn, das Ueben der Methode — aber der Student hat die freie Wahl, wieweit er ihn mitmachen will, wo er etwa ohne Lehrer mit Büchern weiterkommt. Die sokratische Beziehung ohne Autorität, auf gleichem Niveau, ist auch zwischen Professor und Student die der Idee entsprechende. Aber diese Beziehung ist mit strengem, gegenseitigem Anspruch verbunden. Es gilt überall nur geistige Aristokratie, nicht der Durchschnitt. Wir leben miteinander unter der Voraussetzung, gegenseitig in uns an das höchste Können und die Idee zu appellieren, die unser Leben durchdringen soll. Unser Feind ist· die gemütliche Behaglichkeit und die Philistrosität. Wir haben die ursprüngliche Sehnsucht zu den uns Überlegenen. Die Liebe zum großen Manne, dessen Existenz der höchste Anspruch an uns ist, beflügelt uns. Und doch bleibt überall die Beziehung sokratisch. Niemand wird Autorität. Selbständigkeit und Freiheit hat noch das Sandkorn gegenüber dem Felsen. Auch das Sandkorn ist Substanz. Die Geltung der geistigen Aristokratie bedeutet für den Einzelnen nur Anspruch gegen sich selbst, nicht Überlegenheit und Anspruch gegen andere. Das Grundbewußtsein des Einzelnen als Gliedes der Universität, des Professors und des Studenten, ist, daß er arbeiten und sich anstrengen soll, als ob er zu Höchstem berufen sei, aber daß er dauernd unter dem Druck steht, ob er sich bewähren wird. Es ist das beste, in dieser Hinsicht der

Selbstreflexion keinen breiten Raum zu geben, aber auch keine
Anerkennung von außen zu beanspruchen.

Man hat wohl gesagt, die Studenten sollten Führer des Volkes
werden, und man hat gar den wunderlichen Begriff einer Führer-
hochschule gemacht. Das liegt nicht in der Idee der Universität.
Führer kommen aus allen Ständen und Schichten. Sachkunde
wird nicht nur an der Universität erworben. Die akademische
Bildung gibt hier kein Vorrecht. Man möchte wohl vom Führer
„Geistigkeit" fordern. Aber faktisch sind die Führer oft von
anderer Qualität. Die Welt ist nicht der platonische Philosophen-
staat. Machtwille, Entschlossenheit, Umsicht, Augenmaß für
gegenwärtig konkrete Realitäten, praktische Übung und Erfolg,
besondere Charaktereigenschaften sind das Entscheidende.
Führer können auch aus den Kreisen akademischer Bildung
kommen. Jedoch ist der allgemeine Typus akademischer Berufe
kein Führertypus. Der Seelsorger, der Arzt, der Lehrer sind
wohl „Führer" in einem begrenzten Sinn, entweder durch formale Autorität (die mit der Universitätsidee nichts zu tun hat),
solange sie in der Gesellschaft anerkannt wird, oder durch ihre
Menschlichkeit und Geistigkeit, die sich in der einzelnen Persönlichkeit durchsetzt, aber auch immer wieder in Frage gestellt
wird und nie auf Anspruch beruht, oder durch Sachkunde, die
sich nützlich erweist, in den Sphären dieser Sachkunde.

3. Unterricht.

Der äußeren Form nach haben wir Vorlesungen, Übungen,
Diskussionen in kleinen Kreisen, die privatissime stattfinden,
und Diskussionen zu zweien.

Den Vorrang in der Lehre haben seit alters die V o r -
l e s u n g e n. In ihnen wird lernbares Wissen so vorgetragen,
daß die Methoden seines Erwerbs und seiner Begründung dem
Hörer lebendig gegenwärtig werden. Bloße Ergebnisse stehen
in den Büchern. Der Hörer macht sich Notizen, hat die Aufgabe,
über das Vorgetragene nachzudenken, durch Bücherstudium
oder Erfahrungen sich zu den Vorlesungen vorzubereiten und
das Gelernte zu erweitern.

Man kann nicht für Vorlesungen einen Maßstab des Richtigen
aufstellen. Sie haben, wenn sie gut sind, eine je besondere
unnachahmbare Gestalt. Ihr Grundsinn kann in der Haltung des

Dozenten durchaus verschieden und doch jedesmal wertvoll sein. Vorlesungen, die didaktisch sich an die Hörer wenden und sie innerlich heranziehen, sind ebenso möglich wie monologische Erörterungen lebendiger Forschungen, bei denen der Lehrer kaum an den Hörer denkt, die aber gerade dann dem Hörer augenblickshafte Teilnahme an wirklicher Forschung gewähren. Eine besondere Stellung haben Vorlesungen, die den Gesamtaspekt einer Wissenschaft geben. Sie sind unentbehrlich durch die mit ihnen erweckten Antriebe, auf das Ganze zu blicken, wenn gleichzeitig im Einzelnen entschieden und gründlich gearbeitet wird. Solche Vorlesungen sind Sache der reifsten Dozenten, die in ihnen die Summe ihrer Lebensarbeit ziehen. Darum sollen an der Universität die Grundwissenschaften von den hervorragendsten Professoren in Hauptvorlesungen als je Ganzes behandelt werden.

Grundwissenschaften sind solche, die ein Ganzes des Erkennens als das Ganze in besonderer Gestalt erscheinen lassen. Im Unterschied von Hilfswissenschaften und spezialisierten Techniken zeigen sie in der Besonderheit ihres Gebiets eine Transparenz, durch die sie Beispiel des Erkennens, nicht aber der letzte Zweck sind. Wissenschaften, denen es gelungen ist, ihre Spezialität zur Vertretung des Ganzen zu machen, haben dadurch universalen Charakter. Sie verwirklichen eine Wissenschaftsgesinnung, die sich auch in eigentümlichen Lehrbüchern offenbart, in denen sie ihren Sinn zeigen. Die Weise, wie eine Wissenschaft betrieben wird, bringt eine Stimmung, die nur solchen Grundwissenschaften eignet.

Die Vorlesungen sind in den letzten Jahrzehnten viel gescholten worden. Sie seien ein einseitiger Vortrag, der die Hörer passiv mache. Es fehle jede Bewährung der Hörer, ob sie verstanden und angeeignet haben. Das Vorgetragene stehe in Büchern zumeist besser und sei schneller aus ihnen zu lernen. Solche Einwände haben jedoch nur Sinn gegenüber schlechten Vorlesungen, die etwa in identischer Wiederholung mit dem Turnus der Semester ein vom Professor gruppiertes festes Wissen bringen, oder die aus dem bequemen Redefluß zufällig entstehen. Die Vorlesungen haben Wert, wenn sie zu einer wesentlichen Lebensaufgabe des Dozenten werden, sorgfältig vorbereitet sind und zugleich dem lebendig gegenwärtigen geistigen Leben unwiederholbar entspringen.

Solche Vorlesungen gehören zu den unersetzlichen Wirklichkeiten der Überlieferung. Die Erinnerung an die Vorlesungen bedeutender Forscher begleitet durch das Leben. Die gedruckte, etwa wörtlich mitgeschriebene Vorlesung ist nur ein schwacher Rest. Was in der Vorlesung zur Geltung kommen kann, das ist zwar durchaus an den Inhalt gebunden, der auch noch im Gedruckten erscheint. Aber dieser Inhalt ist in der Vorlesung so hervorgebracht, daß mit ihm indirekt all das Umgreifende spricht, aus dem er kommt und dem er dient. Ungewußt vermag der Vortrag durch den Ton, die Gebärde, die wirkliche Gegenwart des Gedachten eine Stimmung der Sache zu vermitteln, die in der Tat nur im gesprochenen Wort und nur in dem Zusammenhang einer Vorlesung — nicht so im bloßen Gespräch und in der Diskussion — zur Erscheinung kommen kann. Die Situation der Vorlesung treibt im Lehrer selbst hervor, was ohne sie verborgen bliebe. Der Lehrer zeigt sich unbeabsichtigt in seinem Denken, seinem Ernst, seinem Fragen, seiner Betroffenheit. Er läßt wirklich an seinem geistigen Innern teilnehmen. Aber dieser hohe Wert ist verloren, wenn er gewollt wird. Dann entsteht sogleich Ziererei, Rhetorik, Pathetik, Künstlichkeitsformeln, Effekte, Demagogie, Schamlosigkeit. Daher gibt es keine Regeln, wie eine gute Vorlesung zu machen sei. Es gibt keine andere Regel als die Sache ernst zu nehmen, die Vorlesung als einen Höhepunkt der Berufsleistung mit voller Verantwortung zu halten, im übrigen auf alle Kunst zu verzichten. Es hat sich gezeigt — in den anderthalb Jahrhunderten bedeutender Vorlesungen von K a n t bis M a x W e b e r —, daß sogar Stocken und Fehler der Sprache, grammatisch unvollständige oder falsche Sätze, unvorteilhafte Stimme den tiefen Eindruck nicht zu stören vermögen, wenn die Substanz eines geistigen Wesens sich mitteilt. Wir können nur im schwachen Abglanz von Schilderungen und Kolleghheften Kenntnis bekommen von wirklichen Vorlesungen, die wir, soweit nicht eigene Erinnerung noch die letzten festgehalten hat, doch soweit zu ahnen vermögen, daß sie uns Ansporn werden.

In den Ü b u n g e n werden die Methoden im praktischen Umgang mit dem Stoff, den Apparaten, den Begriffen im konkreten Fall zu eigen gemacht. Sie sind durch eigene Initiative der Teilnehmer zu erweitern. Den größten Raum nimmt das Handwerkliche ein; die Unterschiede des Unterrichts je nach Art der

besonderen Fächer und der notwendigen technischen Mittel
seien nicht näher erörtert. Eine feste didaktische Tradition ist
in vielen Fällen vorhanden, ist aber doch nur das Skelett, nicht
das Leben des Unterrichts.

Die Übungen sollen unmittelbar an die Sachen und an die
Gründe der Erkenntnis führen. Zwischen Kursen, welche nur
schulmäßig etwas tradieren (und welche eine Anpassung sind,
wenn die geistige Initiative von Studenten, die die höhere
Schule besucht haben, nicht genügt, das Lernen in eigener
Arbeit gut und schneller zu leisten), und dieser Lehre ist grundsätzlich zu unterscheiden: Diese geht im besonderen indirekt
auf das Ganze. Zwar wird beiläufig auf Lehrstoffe Bezug genommen, die auch kurz vergegenwärtigt werden, um den Teil-
nehmern zum Bewußtsein zu bringen, wo sie nachzuholen haben.
Aber das Wesentliche bleibt, das Verständnis durch eigene Mit-
arbeit an der Grenze neuer Forschungsmöglichkeiten zu üben.
Die am einzelnen Gegenstand oder Problem in den Grund der
Sache führende Arbeit, bei der die allgemeinen Lehrbuchkennt-
nisse als vorhanden angesehen werden, gibt den Antrieb für die
Arbeit der Studierenden. Das bloße Lesen von Lehrbüchern
ermüdet; die Fesselung an einen einzelnen Gegenstand beschränkt. Das eine macht das andere lebendig.

Schließlich sind eine Form der Lehre die D i s k u s s i o n e n.
In kleinen Kreisen werden unter aktiver Teilnahme aller Glieder
prinzipielle Fragen erörtert und die Grundlage geschaffen, auf der jeweils zwei zu einer ernsthaften Diskussion in be-
wegtem Hin und Her bis zum letzten unter vier Augen veranlaßt
werden können. Hier treten Lehrer und Student sich — wie
überall der Idee nach — auf gleichem Niveau gegenüber, gemeinsam in dem Bemühen, dem Geiste in klarer, bewußter Gestalt
Gegenwart zu verschaffen, und um die Impulse zu wecken, die
allein in einsamer Arbeit zu objektiven Leistungen führen.

Die Lehre an der Universität darf nicht im Schema gerinnen.
Denn sie hat, wo sie geistig ist, immer auch persönliche Gestalt,
ohne Absicht; denn nur bei reiner Sachlichkeit in der Bewegung
durch die Idee kommt eine echte persönliche Gestalt zur Geltung.
Diese Abweichungen persönlicher Art und die besonderen
Zwecke des Augenblicks lassen den Unterricht immer wieder
anders erscheinen.

Ein Unterricht sieht anders aus, wenn er sich an die Masse
des Durchschnitts hält, als wenn er sich an eine Auswahl Be-
gabter wendet. Es ist ein Grundunterschied der Schulen auf der
einen Seite und der Universität auf der anderen, daß die
ersteren alle ihnen anvertrauten Zöglinge lehren und erziehen
sollen, letztere dazu keineswegs verpflichtet ist. Der Sinn der
Universitätsbildung ist, daß sie nur einer Auswahl solcher Menschen zukommt, die von ungewöhnlichem geistigen Willen beseelt
sind und zureichende Werkzeuge haben. Tatsächlich kommt zur
Universität eine durchschnittliche Masse von Menschen, die
durch den Besuch einer höheren Schule sich die erforderlichen
Kenntnisse erwerben konnten. Die geistige Auslese wäre daher
an die Universität selbst verlegt. Das Wichtigste, der Wille zur
Objektivität und das unbezähmbare, opferbereite Drängen zum
Geist, sind gar nicht vorher, objektiv und direkt, erkennbar.
Diese Anlage, die nur bei einer Minorität von Menschen in unberechenbarer Verteilung vorhanden ist, kann nur indirekt bevorzugt und zur Wirksamkeit gebracht werden. Der Unterricht
an der Hochschule hat sich der Idee der Universität nach auf
diese Minorität einzustellen. Der echte Student vermag unter
Schwierigkeiten und unter Irrtümern, die für die geistige Entwicklung nötig und unausweichlich sind, in dem reichen Angebot an Unterricht und Möglichkeiten an der Universität
seinen Weg durch Auswahl und Strenge seines Studiums zu
finden. Es ist in Kauf zu nehmen, vielleicht sogar erwünscht,
daß die anderen in Ratlosigkeit, wie sie es anfangen sollen, aus
Mangel an Leitung und Vorschrift möglichst gar nichts lernen.
Die künstlichen Gängelbänder, die Studienpläne und alle die
anderen Wege der Verschulung widersprechen der Universitätsidee und sind aus Anpassung an die durchschnittliche Masse
der Studenten entstanden. Man sagte sich: die Masse der Studenten, die zu uns kommt, muß etwas lernen, jedenfalls so viel,
daß die Examina bestanden werden können. Dieser Grundsatz
ist für die Schule ebenso trefflich, wie er für die Universität, die
ja auch schon dem Alter nach Erwachsene als Studenten hat,
verderblich ist.

Beim Hochschulunterricht kann es sich aber trotz allem nicht
um die ganz wenigen Allerbesten handeln. R o h d e meinte: von
100 Hörern verständen den Dozenten 99 nicht, und der hun-
dertste brauche ihn nicht. Das wäre trostlos. Es kommt auf

eine Minorität an, die das Studium braucht, aber nicht auf den
Durchschnitt. Der Unterricht wendet sich nicht an die Hervorragendsten, nicht an die Mittelmäßigen, sondern an diejenigen,
die des Aufschwungs und der Initiative fähig sind, aber des
Unterrichts bedürfen.

Unterricht, der einen Lehrstoff nach dem Maßstab der Fähigkeiten der Minderbegabten und Arbeitsscheuen, des Durchschnitts, einprägt, ist wohl auch immer unumgänglich. Aber der
führende Universitätsunterricht ist anders. Daß Vorlesungen
und Übungen derartig sind, daß· der Student nicht ganz mit-
kommt, aber darin den Anreiz gewinnt, durch gesteigerte Arbeit
nachzukommen, ist besser als didaktisch vereinfachte Total-
verständlichkeit. Eigener Umgang mit Büchern und eigener
Erwerb von Anschauung in Laboratorien, Sammlungen, Reisen
muß von Anfang an für den einzelnen die Quelle des Studiums
sein neben der Teilnahme am Unterricht. Wenn der Maßstab der
Besten für den Gang des Unterrichts den Ausschlag gibt, folgt
der Durchschnitt nach Kräften. Alle arbeiten unter dem Anspruch, dem niemand voll Genüge tut. Der Respekt vor dem
geistigen Rang soll alle antreiben, sich aufzuschwingen.

Es ist unausweichbar, in den Vorlesungen einen ·Plan und
eine Ordnung zu haben. Die Reihenfolge, in der der Anfänger
sie hört, ist nicht gleichgültig. Man entwirft daher Studienpläne, macht den Besuch gewisser Vorlesungen und Übungen
obligatorisch, kommt schließlich zu einer Reglementierung des
Studiums. Die Verschulung will gute Durchschnittserfolge mit
einiger Sicherheit erzielen. Das nun ist ein für die Universität
verderblicher Weg. Mit der Freiheit des Lernens wird zugleich
auch das Leben des Geistes erstickt. Denn dieses ist immer nur
ein glückliches, unberechenbares Gelingen im Strom des Ver-
sagenden, nicht als des Durchschnitts zu erzielen. Die Unfroh-
heit von Lehrer und Schüler in den Fesseln von Lehrplänen und
Studienordnungen, von Kontrollen und Massenleistungen, die
Schwunglosigkeit der verständigen Sachlichkeit sind der Ausdruck einer Atmosphäre, in der wohl gute Resultate technischen
Könnens und abfragbaren Wissens erzielt werden, aber das
eigentliche Erkennen, das Wagende des Forschens und Sehens,
unmöglich wird.

Fünftes Kapitel.

Kommunikation.

Die Universität bringt Menschen zusammen, die wissenschaftlich erkennen und geistig leben. Der ursprüngliche Sinn der universitas als Gemeinschaft der Lehrer und Schüler ist ebenso wichtig wie der Sinn der Einheit aller Wissenschaften. In der Idee der Universität liegt die Forderung allseitiger Offenheit mit der Aufgabe grenzenlosen Sichinbeziehungsetzens, um dem Einen des Ganzen indirekt sich zu nähern. Nicht nur innerhalb der Sachgebiete der Wissenschaften, sondern auch im wissenschaftlich-persönlichen Leben fordert die Idee die Kommunikation. Daher soll die Universität der Rahmen sein, innerhalb dessen Forscher untereinander und Forscher und Schüler in nächste Verbindung der Diskussion und der Mitteilung treten. Diese Kommunikation kann der Idee nach nur die sokratische sein, die kämpfend in Frage stellt, damit die Menschen sich selbst und sich gegenseitig offenbar werden. Die Atmosphäre der Kommunikation aus der Gemeinschaft in Ideen schafft die günstigen Vorbedingungen für die zuletzt immer einsame wissenschaftliche Arbeit.

Die geistig fruchtbare Kommunikation findet zwischen Menschen eine festere Form in der Freundschaft zu zweien, in den Jugendbünden, in der Liebe und Ehe. Die geistige Bedeutung die Männerfreundschaften (die Brüder G r i m m , S c h i l l e r und G o e t h e , M a r x und E n g e l s), der Jugendvereinigungen (Urburschenschaft), der Ehe (S c h e l l i n g - K a r o l i n e , J. S t u a r t M i l l, die B r o w n i n g s) soll hier nicht vergegenwärtigt werden. Wir vergegenwärtigen die Aufgaben der Universität.

Die Universität ist die Stätte, an der bedingungslos nach Wahrheit in jedem Sinne geforscht wird. Der Wahrheit müssen alle Möglichkeiten der Forschung dienen. Weil das Wahrheitssuchen radikal ist, muß es an der Universität die stärksten geistigen Spannungen geben. Diese sind die Bedingungen des Voranschreitens. Aber die Spannungen, die zum geistigen Kampf führen, sind sinnvoll durch das gemeinsam Umgreifende, das durch Polarität' zur Erscheinung kommt. Echte Forscher sind im heftigen Kampf zugleich solidarisch verbunden.

Diese Kommunikation kann gelingen, weil das Wahrheitssuchen an der Universität von jeder unmittelbaren praktischen
Verantwortung entbunden ist. Es gibt hier nur die Verantwortung für die Wahrheit selbst. Die Forscher stehen, indem sie
miteinander um die Wahrheit ringen, nicht im Daseinskampf
miteinander. Das Ringen geschieht in der Ebene des Versuchens.

Um so größer ist die mittelbare Verantwortung für die Folgen, die sich aus den Gedanken, mögen sie wahr oder falsch
sein oder beides zugleich, für Verwirklichungen in der Welt
ergeben. Diese Folgen sind in der Tat von vornherein nicht
übersehbar. Aber das Wissen um sie macht den verantwortungs-
bewußten Denker behutsam. H e g e l hat gesagt: „Die theoretische Arbeit bringt mehr zuwege als die praktische; ist erst das
Reich der Vorstellungen revolutioniert, so hält die Wirklichkeit
nicht aus." N i e t z s c h e hat schaudernd diese Verantwortung
gesehen, und er ist zugleich der Denker, der in vernichtendem
Übermut verantwortungslos jede Gedankenmöglichkeit in wirk-
samster Fassung in die Welt schleuderte, an der Magie des
Extrems sich berauschte und entsetzte, kommunikationslos in
die Leere des Zeitalters rufend.

Die Kommunikation wird gesteigert sowohl durch Ausbleiben
der unmittelbaren Daseinsinteressen und die damit gegebene
Ungefährlichkeit bloßen Versuchens, als auch durch die mittelbare Verantwortung des Denkens, die in der Kommunikation
aus dem Hintergrund gefühlter Möglichkeiten viel eher erweckt
wird als im einsamen, widerstandslosen Denken.

Zur Wahrheit gehört, daß alles geistig Gesagte und Ergrif-
fene eine Wirkung auf den Menschen hat. Die Kommunikation
selber ist ein Ursprung des Wahrheitfindens durch das Erpro-
ben dieser Wirkung. Die Kommunikation macht die Universität
zu einem Leben der Wahrheit. Denn die Universität ist nicht eine
dirigierte, nach Plan und Absicht regelmäßig laufende Schule.

Daher ist die Weise der an der Universität stattfindenden
Kommunikation eine Sache der geistigen Verantwortung aller
ihrer Glieder. Das behutsame Sichabschließen, die Verwandlung
der Kommunikation in unverbindliche Geselligkeit, der Formen
wesentlichen Verkehrs in verschleiernde Konventionen ist
immer zugleich ein Absinken des geistigen Lebens. Bewußte
Reflexion auf die Weisen der Kommunikation kann den Weg für
diese frei halten.

1. Disputation und Diskussion.

In der Sphäre der Wissenschaft besteht die Kommunikation als Diskussion. Was wir gefunden haben, teilen wir mit, aber der Prozeß der Kommunikation beginnt mit dem Infragestellen. Dieses bewegt sich in fachmäßigen Einzelerörterungen, erst an der Grenze wird es letztes Infragestellen, wird es philosophisch. Hier unterscheiden wir zwei Gestalten:

a) In der logischen Disputation werden feste Prinzipien vorausgesetzt. In formaler Weise werden daraus Folgen abgeleitet und der Gegner mit dem Satze des Widerspruchs unter Mitwirkung zahlloser Kniffe, die die logische Eristik seit dem Altertum bewußt gemacht hat, geschlagen. Einer siegt, die Stimmung der Disputation ist durchaus die Einstellung: wer Recht behält. Das Ende ist bei diesem Machtkampf — der übrigens in seinen Folgen für die formale Klarheit höchst nützlich sein kann, wenn er auch dem geistigen Ganzwerden gar nicht dient —, irgendwo der Abbruch der Kommunikation nach dem Satze: Contra principia negantem non est disputandum.

b) In der Diskussion als geistiger Kommunikation gibt es keine festen Prinzipien und keinen bis zum Siege festgehaltenen Standpunkt. Was man selbst, und was der andere als Prinzip voraussetzt, will erst gesucht werden. Man will klar werden über das, was man eigentlich meint. Und jedes gefundene Prinzip ist Ausgangspunkt neuer Bewegung, wenn nicht das Letzte eine Frage bleibt. Man zeigt sich gegenseitig die Voraussetzungen, die man implizite machte, und arbeitet in der Diskussion an einer gemeinsamen, klarer werdenden Anschauung. Es gibt kein Ende. Es gibt keinen Sieg. Jeder, der in die Lage kommt, Recht zu behalten, bekommt gerade dadurch Mißtrauen. Jedes Ergebnis ist nur Stufe.

Echte Diskussion, die keine Grenze kennt, gibt es nur zu zweien unter vier Augen. Schon der dritte stört, verwandelt leicht die Diskussion in Disputation, weckt die Machtinstinkte. Aber wir diskutieren trotzdem mit Vorteil auch in größerem Kreise. Hier wird vorbereitet, was im Gespräch zu zweien vollendet wird, hier werden Stellungen dargelegt, Standpunkte entwickelt, es werden Ausführungen der Einzelnen aneinander gereiht, nicht scharfe Diskussion versucht, die nur in schnellem Wechselgespräch gedeiht; es wird kein Ergebnis gesucht. Daher gibt es auch spezifische Regeln für die Diskussion unter mehreren: man soll nicht wiederholen, was man gesagt hat, nicht durch solche Wiederholung sein „Rechthaben" betonen, nicht das letzte Wort haben wollen, sondern sich begnügen, seine Sache gesagt zu haben, und nun alle anderen hören.

2. Zusammenarbeit: Schulbildung.

Jede wissenschaftliche Leistung ist im Entscheidenden die eines einzelnen Menschen. Sie ist persönliche Leistung. Diese aber gewinnt ihre Steigerung durch Zusammenarbeit mehrerer. Zusammenarbeit ist die Kommunikation in der Sache derart, daß Antrieb, Klarheit, Reiz den höchsten Grad erreichen, daß der Einfall des einen den Einfall des andern erweckt, der Ball hin- und hergeworfen wird.

Solche kommunikative Forschungsbewegung ist unterschieden von Kollektivarbeit. Diese ist ein wissenschaftlicher Industriebetrieb, der etwas hervorbringt dadurch, daß der führende Kopf Arbeiter beauftragt, die er zwar Mitarbeiter nennt, aber in der Tat einstellt als Glieder in die Kette seines Planes.

Kollektivarbeit kann ferner die Form annehmen, daß etwa in dem gemeinsamen Geiste einer Klinik eine Reihe Einzelner je ein Thema aus dem Plan eines Werkes übernimmt. Dann ist jede Leistung eine Einzelleistung, das Ganze ein Aggregat, aber doch zusammengehalten durch den Hintergrund des Gemeinsamen, das in Gesprächen, gegenseitiger Lektüre und Kritik zur Klarheit gebracht wurde.

Als die Kontinuität wissenschaftlicher Überlieferung entstehen Schulen. Schulbildung gibt es in zweifachem Sinn: 1. als Nachahmung eines Vorbilds, dessen Arbeiten durch Analogieleistungen erweitert und vermehrt werden, dessen System ausgebaut, übertragen, reproduziert wird. 2. Als Zusammenhang der wissenschaftlichen Tradition, so daß der Schüler so selbständig wie der Lehrer sein kann; meistens so, daß gar nicht eine einzige Persönlichkeit der Führer war, sondern eine Gruppe. Es handelt sich um die Schule einer geistigen Bewegung, die durch einige Generationen anhält. Die auf gemeinsamem Boden Stehenden gewinnen durch gegenseitigen Austausch, durch Wettkampf das Höchstmaß von Kraftauslösung, das Interesse wird durch den Widerhall gesteigert, Konkurrenz und Neid werden zu Agon und Enthusiasmus für die Sache.

Solche Schulbildungen wachsen ungerufen. Sie können nicht gemacht werden. Versucht man es, so entstehen künstliche Betriebe ohne Fruchtbarkeit. Der Zustrom der durchschnittlichen Masse zur wissenschaftlichen Forschung hat überall dort abgeleitete Scheinbildungen hervorgerufen, wo entweder eine faßliche, äußerliche „Methodik" schnellstens für jedermann lernbar und zum Scheine anwendbar wurde, so daß nach dem Schema jeder „mitarbeiten" konnte, oder wo neben einer formalen Denkmethode eine begrenzte Anzahl leicht lernbarer Grundbegriffe zum Subsumieren jedes Beliebigen, was einem auftaucht, geeignet ist.

Ursprung geistiger Bewegung liegt meist in kleinsten Kreisen. Wenige Männer, zwei oder drei oder vier, die etwa in Institut oder Klinik arbeiten, leben beflügelt im Austausch eines Gemeinsamen, das als Ausgang neuer Einsichten die Gemeinschaft in der Sache, in der Idee bedeutet. Verborgen wächst solcher Geist zwischen Freunden, wird bewährt und sichtbar in objektiven Leistungen, um dann als geistige Bewegung in öffentliche Erscheinung zu treten.

Ein gemeinsamer Geist solcher Art, der die gesamte Universität verbände, ist unmöglich. Er gehört kleineren Gruppen, und die Universität hat das höchste Leben, wenn solche Gruppen wieder in Wechselwirkung treten.

3. Sichtreffen der Wissenschaften und Weltanschauungen.

An der Universität vereinigen sich alle Wissenschaften. Ihre Vertreter begegnen sich. Die Gegenwärtigkeit aller Wissensweisen an einem Orte bringt sie in Beziehung, vermag sie zu steigern. Diese gegenseitige Anregung führt auf die Einheit der Wissenschaften hin. Die ständige Zerstreuung im Zerfall der Wissenschaften zu einem Aggregat zwingt durch die wiedererweckte Beziehung zum Bewußtsein ihrer Zusammengehörigkeit und zu den Anstrengungen, das Ziel des Einsseins nicht aus dem Auge zu verlieren.

Die Kommunikation der Wissenschaften wird jedoch getragen von einer tieferen Kommunikation: dem Zueinanderdrängen geistiger Bewegungen, die erst im Aufeinanderstoßen auch sich selbst ganz offenbar werden.

Der Kommunikationswille richtet sich auch auf das Fremde und Ferne, auch auf Menschen, die sich geistig in sich und ihrem Glauben kommunikationslos abkapseln möchten. Er sucht die Gefahr, in Frage gestellt zu werden, weil nur in der äußersten Infragestellung offenbar wird, ob Wahrheit auf dem eigenen Wege ist. Das hat eine grundsätzliche Folge für die Zulassung geistiger Bewegungen an der Universität.

Das Durchdrungensein von der Idee der Universität ist Element einer Weltanschauung: des Willens zu unbeschränktem Forschen und Suchen, zur grenzenlosen Entfaltung der Vernunft, zur Alloffenheit, zur Infragestellung von jedem, was in der Welt vorkommen kann, zur unbedingten Wahrheit mit der ganzen Gefahr des sapere aude. Man könnte die Folgerung ziehen wollen, also habe nur diese Weltanschauung an der Universität ihren Platz. Das hätte ein Prüfen des Anderen auf seine Weltanschauung zur Folge. Gerade das widerspricht der Universitätsidee. Sie prüft nicht die Weltanschauung, sondern die wissenschaftliche Leistung und das geistige Niveau eines Menschen, den sie zu ihrem Gliede machen möchte. Sie unterscheidet sich von sektenhaften, kirchlichen, von allen fanatischen Kräften, die ihre Weltanschauung aufdringen und in ihren Kreisen entfalten wollen, dadurch, daß sie nur frei gedeihen will und lieber zugrunde geht, als sich vor fremder Geistigkeit sorgsam zu hüten, sich dem an die Wurzel gehenden geistigen Kampf zu entziehen. Nur auf eines kann sie bei ihren Gliedern nie verzichten, auf fachliche, wissenschaftliche Leistung, auf handwerkliche Tüchtigkeit und auf „Niveau". Im übrigen aber wird sie selbst Menschen in sich aufnehmen, die das sacrificio del intelletto begehen, selbst solche, die ihrerseits, wenn sie die Macht hätten, intolerant wären. Sie vertraut darauf, daß sie das ertragen kann, mag nur in Bewegung, nicht in ruhigem Besitz leben. Ihr Kommunikationswille möchte auch das gegen Kommunikation sich Sträubende aufschließen. Der Idee wäre es ungemäß, irgendeinen Mann von geistigem Rang, der tatsächliche wissenschaftliche Leistungen zeigt und fortdauernd wissenschaftlich arbeitet — auch wenn diese Wissenschaft letzthin im Dienste eines fremden Interesses steht —, abzulehnen. Ebenso ungemäß aber wäre es, zu verlangen, für „jede Weltanschauung" Vertreter an der Universität — etwa in philosophischen, historischen, soziologischen, staatswissenschaftlichen Fächern — zu schaffen. Wenn auf dem Boden einer Weltanschauung tatsächlich keine Persönlichkeit von wissenschaftlich erheblichem Rang entstanden ist, so kann diese Weltanschauung sich im Reiche der Wissenschaft auch nicht zur Geltung bringen. Die Neigung des einzelnen Menschen ist es gewiß, daß er am liebsten mit Gesinnungsgenossen zusammenlebt. Sofern er zur Idee der Universität sich bekennt und bei der Auswahl der Menschen mitzureden hat, wird er gerade dazu neigen, das Entfernteste heranzuziehen, Möglichkeiten des Kampfes zu schaffen, die Spannweite des geistigen Umfangs — auch wenn es mit Gefahren verknüpft ist — zu erweitern, vor allem aber wissenschaftliche Leistung und geistigen Rang allein entscheiden zu lassen. Die Idee der Universität läßt es nicht nur zu, sondern fordert, Persönlichkeiten in ihren Körper aufzunehmen, die ihr selbst widersprechen. Sofern diese Persönlichkeiten ihre außerwissenschaftlichen Glaubensinhalte und Autoritäten innerhalb der Universität nicht nur zum Gegenstand der Darstellung und Diskussion machen, nicht nur als Impuls für ihre Forschung wirken lassen, sondern die Universität damit zu beherrschen suchen, in der Auswahl von weiteren Persönlichkeiten · zunächst auf ihre Gesinnungsgenossen blicken, wissenschaftliche Freiheit durch prophetische Propaganda ersetzen, dann würde die Idee der Universität sich in den anderen Gliedern der Institution aufs schärfste widersetzen.

Sechstes Kapitel.
Institution.

Die Universität erfüllt ihre Aufgaben — Forschung, Unterricht, Erziehung, Kommunikation — im Rahmen ihrer Institution. Sie braucht die Gebäude, die Materialien, Bücher und Institute und die Ordnung einer Verwaltung dieser Dinge. Sie braucht eine Verteilung von Rechten und Pflichten unter ihre Glieder. Sie ist ein geschlossener Körper als Korporation. Sie lebt unter einer Verfassung.

Nur als Institution hat die Universität ihr Dasein in der Welt. Ihre Idee gewinnt in der Institution ihren Leib. Der Leib hat Wert in dem Maße, wie die Idee sich in ihm verwirklicht. Der Leib wird wertlos, wenn die Idee ihn verläßt. Aber jede Institution muß Anpassungen und Einschränkungen der Idee zulassen. Die Idee wird niemals als Ideal wirklich, sondern bleibt in der Bewegung. Daher ist in der Universität eine ständige Spannung zwischen der Idee und den Mängeln der institutionellen und korporativen Verwirklichung.

1. Das Absinken der Idee in der Institution.

Die guten Einrichtungen der Universität haben als solche schon die Tendenz zu einem Absinken und gar zu einer Verkehrung ihres Sinnes. Zum Beispiel:

Verwandlung in überlieferbares Lehrgut hat die Tendenz, im nunmehr Bestehenden das geistige Leben verarmen zu lassen. Alles neigt zu erstarren. Die Aufnahme des geistigen Erwerbs in die Tradition läßt die Formen des Erworbenen als endgültig erscheinen. Was einmal da ist, läßt sich schwer ändern. Z. B. ist die Abgrenzung der einzelnen wissenschaftlichen Fächer durch Gewohnheit fixiert. Es kann vorkommen, daß ein hervorragender Forscher nach der gegebenen Facheinteilung keinen Platz findet, so daß bei der Besetzung eines Lehrstuhls ein minderwertiger Forscher vorgezogen wird, weil er in seinen Leistungen dem überlieferten Schema entspricht.

Die Institution hat die Tendenz, sich zum Endzweck zu machen. Daß sie unerläßliche Lebensbedingung für den Fortgang und die Überlieferung der Forschung ist, verlangt zwar, ihr Dasein unter allen Umständen zu erhalten, verlangt aber auch die ständige Prüfung, ob ihr Sinn als Mittel dem Zweck der Verwirklichung der Idee entspricht. Aber eine Verwaltungsorganisation will als solche beharren.

Die freie Auswahl der Persönlichkeiten bei Berufungen geht ihrem Sinne nach zwar auf die besten Männer, hat aber zumeist eine Tendenz zu den zweitbesten. Jede Korporation — nicht nur die Universität — hat eine unbewußte Solidarität geistwidriger Interessen der Konkurrenz und der Eifersucht. Man wehrt sich instinktiv gegen die überragenden Persönlichkeiten, sucht sie auszuschalten, und man lehnt die minderwertigen Persönlichkeiten ab, da sie Einfluß und Ansehen der Universität stören würden. Man wählt den „Tüchtigen", das Mittelgut, die Menschen gleicher Geistessart. Darum ist eine Kontrolle der Fakultäten, die ihre Glieder auf frei gewordene Lehrstühle berufen, durch eine andere Instanz erforderlich. So meint

J. G r i m m : „Die Wahl der Professoren überhaupt hat aber der
Staat nicht aus seiner Hand zu lassen, da kollegialischen, von
der Fakultät vorgenommenen Wahlen die allermeiste Erfahrung
widerstreitet. Selbst über reingestimmte, redliche Männer
äußert die Scheu vor Nebenbuhlern im Amt eine gewisse Gewalt."

Ein Verhängnis liegt in der Auswahl des Nachwuchses der
Institution. Die Universität ist ja keineswegs zugänglich für
jeden Menschen mit geistigen Leistungen. Der Zugang führt
über einen Ordinarius, der die Habilitation bei seiner Fakultät
durchsetzen muß. Die Lehrer haben die Neigung, bei Habilitationen ihre eigenen Schüler zu bevorzugen, wenn nicht gar den
Zuzug auf sie zu beschränken. Diese ersitzen gleichsam ein von
ihnen fälschlich beanspruchtes Recht auf Habilitation, das der
Lehrer aus persönlicher Sympathie anerkennt. Lehrer werden
gesucht, die in dem Rufe stehen, daß sie für ihre Schüler Stellungen besorgen. M a x W e b e r wollte dem Unheil begegnen
durch den Grundsatz, wer bei einem Professor promoviert habe,
müsse bei einem anderen an einer anderen Universität sich habi-
litieren. Als er aber diesen gerechten Grundsatz für seine Schüler
verwirklichen wollte, machte er sogleich die Erfahrung, daß
einem seiner Schüler bei dessen Bewerbung anderswo nicht geglaubt wurde, man vielmehr vermutete, er sei wegen Untauglich-
keit durch M a x W e b e r abgelehnt. Es bleibt eine schwere
Schuld des Professors, wenn er bei Habilitationen eigene Schüler
durch eine sachliche Überschätzung zur Geltung bringt. Es ist unerläßlich, das Vorliegen bedeutender wissenschaftlicher Leistungen nach Rang und Umfang als Voraussetzung der Habilitation
uneingeschränkt festzuhalten. Sonst führt der Weg zu der Her-
abentwicklung der Universität durch ungünstige Auslese,
welche Schülernaturen statt selbständige Köpfe trifft, eine Be-
amtenlaufbahn setzt an die Stelle des Wagnisses, sich durch
eigene geistige Leistung Erfolg und Anerkennung im Kreise
der Sachverständigen zu verschaffen. Während viele Lehrer zu
bequemen Schülernaturen neigen, die ihnen nicht über den
Kopf wachsen, sollte vielmehr jeder Professor es sich zum
Grundsatz machen, zur Habilitation nur solche Schüler zuzu-
lassen, von denen er erwarten darf, daß sie mindestens die von
ihm selber verwirklichte Leistungshöhe erreichen werden, und
Ausschau zu halten nach dem Besseren, der ihn überflügeln

wird und zuerst ihn zu fördern, auch wenn er gar nicht sein Schüler ist.

Die Institution wird leicht das Werkzeug des Machtwillens von Forschern, die ihr Ansehen, ihre Beziehungen zum Staat und ihre Freundschaften benutzen, um die ihnen erwünschten Menschen, ihre „Schule", mehr oder weniger rücksichtslos zu fördern. Die Herrschaft der Schulhäupter ist seit H e g e l ein ständiger Gegenstand der Anklage.

Die freie Kommunikation, die der Idee der Universität erwächst, verwandelt sich unter den persönlichen Bedingungen der Institution oft in bloße Polemik. Eifersucht und Neid führen zu einem bedingungslosen Verneinen. Im 19. Jahrhundert, auch in den Zeiten höchster Blüte, grassierte solches Laster. G o e t h e hat schon diese Krankheit der Universität gesehen, wenn er die freie Forschung verglich: „Man wird hier wie überall finden, daß die Wissenschaften ihren notwendigen, stillen oder lebhaften Fortgang nehmen, indes es denjenigen, die sich standesgemäß damit beschäftigen, eigentlich um Besitz und Herrschaft vorzüglich zu tun ist." Und: „Sie hassen und verfolgen sich alle einander, wie man merkt, um nichts und wieder nichts, denn keiner will den andern leiden, ob sie gleich alle sehr bequem leben könnten, wenn alle was wären und gälten." Es gehört zu den Maximen eines vernünftigen Universitätslehrers, solche verneinende Polemik und ihr entspringende Intrigen niemals zu erwidern, sie zu behandeln, als ob sie nicht da wären und wenigstens dadurch abzustumpfen, damit soviel wie möglich ein gedeihliches Zusammenwirken im Interesse der Universität möglich bleibe.

Die institutionell gesicherte Freiheit in Forschung und Lehre, für den Einzelnen ihrem Sinne nach unbegrenzt, aber zugleich Ursprung uneingeschränkter Kommunikation, in der jeder der äußersten Infragestellung ausgesetzt wird, hat eine Tendenz, den Einzelnen in seine Besonderheit einzuschließen, ihn unberührbar zu machen und, statt ihn zur Kommunikation anzutreiben, vielmehr zu isolieren. Man läßt jedem weitgehendste Freiheit, um auf Gegenseitigkeit selbst diese Freiheit zu haben und vor dem Hineinreden anderer geschützt zu sein. Man hat das Verhalten von Fakultätsmitgliedern verglichen mit dem der Affen auf den Palmen im heiligen Hain von Benares: Auf jeder Kokospalme sitzt ein Affe, alle scheinen sehr friedlich und kümmern sich garnicht umeinander; wenn aber ein Affe auf die Palme eines anderen klettern möchte, so gibt es eine wilde Abwehr durch Werfen mit Kokosnüssen. Die Tendenz solcher gegenseitiger Rücksicht geht dahin, schließlich jedem in seinem Bereich seine Willkür und zufällige Richtung zu erlauben, so daß das Wesentliche der Universität nicht mehr gemeinsame Angelegenheit, sondern nur jeweils die des Einzelnen ist, während das Gemeinsame „taktvoll" auf das Formale sich erstreckt. So etwa kommt es vor, daß man jedem Ordinarius seine Habilitationen durchgehen läßt, um auch selbst Freiheit hierin zu haben. Man vermeidet substantielle Kritik. Hier wird die Kommunikation, die geistig ein Kampf um Klarheit und um das Wesentliche ist, unterbrochen durch eine nach Gesichtspunkten des Taktes geregelte Beziehung. In diesem Verhalten steckt zwar die Weisheit: daß die Freiheit des einzelnen Gelehrten bis zur Willkür (vom Standpunkt des Zeitgenossen gesehen) Bedingung seiner produktiven Geistigkeit ist. Daher ist zwar eine diskutierende Kritik gehörig, aber ein korporatives zwangsmäßiges Einwirken auf die mit Forschung und Lehre zusammenhängenden Dinge des Einzelnen unerträglich, auch ein solches Einwirken auf nichtbeamtete Dozenten, ja selbst auf Studenten. Bei allen Dingen, die über diesen ganz persönlichen Bereich hinaus liegen, wo also eine gemeinsames Interesse der Fakultät oder der Universität vorliegt, ist eine Einwirkung jedoch Pflicht, z. B. vor allem bei Berufungen und Habilitationen. Und in den persönlichen Bereichen ist der Idee der Universität entsprechend Aussprache, Diskussion, also echte Kommunikation — die immer nur persönlich, nicht amtlich und formell geschehen kann —, das Zeichen von Geistigkeit, und ihre Unbeschränktheit im Fortgang bis zu den Wurzeln, wo der Mensch im Ganzen in Frage steht, Bedingung der Wahrheit. Es ist verhängnisvoll, daß die Freiheit die Tendenz weckt, gerade diese eigentliche Freiheit aufzuheben.

2. Die Notwendigkeit der Institution.

Diese und andere Mängel, die mit der Institution als solcher auftreten, können nicht die Notwendigkeit der Institution für die Universitätsidee aufheben. Die Schöpfung und Existenz des Einzelnen ist in Gefahr, wirkungslos zu vergehen. Sie bedarf der Aufnahme in eine institutionell gesicherte Tradition, damit sie auch den Nachfahren Weckung, Lehre, Gegenstand wird. Wissenschaftliche Leistungen im besonderen sind gebunden an materielle Mittel, die dem einzelnen selten zur Verfügung stehen, und an Zusammenarbeit vieler, die nur durch eine dauernde Institution ermöglicht wird.

Daher ist uns die Universität als Institution so wichtig. Wir lieben die Universität, soweit sie die institutionelle Wirklichkeit der Idee wird. Sie ist trotz aller Mängel deren Stätte. Sie gibt uns die Daseinsgewißheit des geistigen Lebens in Gemeinschaft. Es ist eine eigentümliche Befriedigung in der Zugehörigkeit zur Korporation, sei es auch nur ehrenhalber, und es ist ein Schmerz, von ihr ausgeschlossen oder ausgestoßen zu werden.

Der Studierende und der Professor sollen die Universität nicht als zufällige staatliche Institution, nicht als bloße Schule und nicht als eine Berechtigung erteilende Maschinerie ansehen, sondern der Idee der Universität teilhaftig werden, dieser abendländischen, übernationalen, hellenisch-deutschen Idee. Diese Idee ist nicht handgreiflich faßbar, nicht äußerlich sichtbar, nicht laut, sie glimmt in der Asche der Institutionen und flammt von Zeit zu Zeit in einzelnen Menschen und Gruppen von Menschen heller auf. In ihr zu leben, verlangt nicht immer Zugehörigkeit zur staatlichen Institution. Aber die Idee drängt zur Institution und fühlt sich in der Isolierung des Einzelnen unvollkommen und unfruchtbar. In ihr zu leben, nimmt ihn auf in ein Ganzes.

Das alles aber darf nicht zu dem Hochmut führen, die Universität sei die einzige und eigentliche Stätte geistigen Lebens. Wir, die wir die Universität lieben als den Raum und das Haus unseres Lebens, dürfen die Besonderheit und Beschränktheit der Universität nicht vergessen. Das Schöpferische entsteht in häufigen Fällen außerhalb der Universität, wird von dieser zunächst abgelehnt, dann aber angeeignet, bis es die Herrschaft gewinnt. Der Renaissancehumanismus entstand außerhalb und gegen die scholastischen Universitäten. Als dann die Universitäten humanistisch, dann philologisch geworden waren, entstand die philosophische und naturwissenschaftliche Erneuerung im 17. Jahrhundert wieder außerhalb (D e s c a r t e s , S p i n o z a , L e i b n i z ; P a s c a l ; K e p l e r). Als die Philosophie in der Gestalt des Wolffianismus in die Universität gedrungen war, entstand der Neuhumanismus wieder außerhalb (W i n k e l -

m a n n , L e s s i n g , G o e t h e), **eroberte** dann aber schnell durch große Philologen (F. A. W o l f) die Universität. Auch kleinere Neuerscheinungen entstehen nicht selten außerhalb und werden von der Universitätswissenschaft lange abgelehnt, so die marxistische Soziologie, so vor Jahrzehnten der Hypnotismus, der jetzt längst ein anerkanntes Tatsachengebiet darstellt, oder die Graphologie, die erst anfängt, an der Universität beachtet zu werden, die verstehende Psychologie, wie sie von K i e r k e - g a a r d und N i e t z s c h e entfaltet wurde. J. G r i m m schreibt (Kl. Schr. Bd. I, S. 242) : „An Universitäten herrscht eine ansehnliche Buchgelehrsamkeit, die sich hebt und fort- trägt, aber ungewöhnliche Arbeiten, ehe sie Geltung erlangt haben, vorläufig abweist. Universitäten sind Gartenanlagen, die ungern etwas wild wachsen lassen." Wenn eine neue geistige Richtung geschaffen ist, so bemächtigt sich irgendwann die Universität derselben und bringt sie zur Entwicklung in vielen einzelnen Entdeckungen und Erweiterungen; und sie bewahrt das Gewonnene als Lehrgut. Das letztere kann sie aber ihrer Idee entsprechend nur, wenn sie selbst forschend darin voran- schreitet. So geschah es immer wieder auf den Universitäten. Diese haben auch einige Male, und zwar in entscheidenden Fällen, selbst das Neue ursprünglich in Bewegung gebracht. Die größte Erscheinung ist die Kantische Philosophie, dann die in deren Gefolge auftretende Philosophie des deutschen Idealismus. Im 19. Jahrhundert sind die historischen und die Naturwissen- schaften fast in allem Neuen von der Universität abhängig gewesen.

3. Persönlichkeit und Institution.

Fassen wir das innerste Problem der Institution der Univer- sität ins Auge, so ist es das Verhältnis von Persönlichkeit und Institution. Das Leben der Universität hängt an den Persönlich- keiten, nicht an der Institution, welche nur Bedingung ist. Die Institution wird daher danach zu beurteilen sein, ob sie die besten Persönlichkeiten heranziehen kann und ob sie die gün- stigsten Bedingungen für deren Forschung, Kommunikation und Lehre gibt.

Es ist unvermeidlich, daß eine Spannung zwischen den leben- digen Forscherpersönlichkeiten und den institutionellen Formen eintritt, die, solange die Idee der Universität am Leben bleibt, zu einer Umformung führen muß. Zeiten des Beharrens wechseln mit Zeiten neuer Impulse ab.

Jede Verwirklichung einer Idee in Institutionen führt auch zu einer Einschränkung der Idee. Die Institution, ihre Gesetze und Formen drängen sich vor. Die Idee verschwindet und nur ein Betrieb bleibt übrig. Die Institution kann nichts erzwingen. Es ist stets eine Gefahr, wenn durch Institution geradezu gemacht werden soll, was nur wachsen kann. Was eigentlich zu tun ist, wird allein von den Menschen geschaffen, die der Wahrheit dienen, und zwar durch den Gang ihres Lebens in der Kontinuität von Jahren und Jahrzehnten.

Es ist kennzeichnend für Menschen, die an der Organisation arbeiten, wie sie an Persönlichkeiten glauben und wie an Institutionen. Persönlichkeiten allein beseelen die Institution. Aber die alten noch gegenwärtigen Institutionen enthalten in ihrem Dasein — das allerdings immer von den gegenwärtigen Menschen und ihrer Artung abhängig ist — tiefe Weisheit. Persönlichkeit des Einzelnen und Institution sind aufeinander angewiesen. Die Polarität ist nie ohne Spannung.

In der Institution werden zweckhafte Mechanismen erdacht, um den Gang der Geschäfte sicherer und zwangsläufiger zu machen. Diese sind die Formen, die als Formen, solange sie nicht bewußt geändert werden, weiter unantastbare Geltung haben. Den Formen und Gesetzen zu folgen, hält die Voraussetzungen des Geistes, seinen Unterbau, in Ordnung. Auf diesen Unterbau sollen die Formen beschränkt werden. Dort werden sie möglichst zweckmäßig gestaltet und mit Lust durchgeführt, bis sie zur zweiten Natur werden. Das erweitert die Freiheit.

In jeder Institution gibt es Über- und Unterordnung. Es sollen nicht nur die faktischen Niveauunterschiede der Menschen anerkannt werden. Jede zweckhafte Einrichtung ist ohne Leitung undenkbar. So finden sich ursprünglich frei die Schüler um einen Forscher zusammen, so herrscht später institutionell der Direktor über sein wissenschaftliches Institut und seine Assistenten. Es liegt auf der Hand, daß solche Herrschaft immer nur dann erträglich und sogar ersehnt ist, wenn der Erste der geistigste Mensch ist. Das sind in dauernden Institutionen Glücksfälle. Unerträglich wird die Herrschaft der Kümmerlichen, die ihre Geistlosigkeit und die Unzufriedenheit mit sich selbst ausgleichen wollen durch den Genuß einer Herrschaft. Vortrefflich sind die produktiven Köpfe, die zur Leitung eines Institutes berufen, doch im Bewußtsein ihrer begrenzten Kräfte jedem lebendigen Impuls der ihnen Unterstellten Freiheit lassen und ihren Ehrgeiz darin sehen, daß diese Besseres leisten möchten als sie selbst.

Die Institution als solche kann nie befriedigen. Das abstrakte Erdenken und Einrichten komplizierter Verhältnisse ist ein Verderben. Die Einfachheit ist das Schwerste, die vorschnelle Einfachheit allerdings ist nur Simplifikation.

So sind bei den konkreten Schwierigkeiten die einfachen Trennungen durchweg keine Lösungen, sondern Zerstörungen, so z. B. die Trennung von Forschungsanstalt und Lehrinstitut, von Wissenschaft und Beruf, von Bildung und Fach, des Unterrichts der Besten vom Unterricht der Menge. Immer ist das wahre geistige Leben gerade dort, wo eins im andern ist, nicht wo das eine neben dem andern ist. Und diese Einheiten werden immer nur durch Persönlichkeiten verwirklicht.

In der Polarität von Persönlichkeit und Institution entstehen die entgegengesetzten Abgleitungen: einerseits Persönlichkeitskultus, Betonung der Originalität und des Eigenwillens, andererseits das Machen von Einrichtungen, die vergewaltigen oder leer laufen. In beiden Fällen herrscht Willkür, weil Zufall und das Belieben von Abschaffen und Neumachen. An der Universität herrscht eine schwer formulierbare Gesinnung, die sich diesen beiden Extremen fernzuhalten sucht, eine Toleranz gegen Wunderlichkeiten des Einzelnen, eine Aufnahmefähigkeit für fremde Persönlichkeiten, eine Gemeinschaftlichkeit, in der sich die Extremsten begegnen. Weil aber die persönliche Gestalt immer das Übergreifende und die Verwirklichung der Idee ist, gilt auch ohne Kultus die Persönlichkeit als solche. Man empfindet den Rang und das Verdienst, man hat Pietät dem Alter gegenüber. Und der Einzelne wird Wert darauf legen, seiner Fakultät ein erwünschtes Mitglied zu sein, er will von ihr frei erwählt, nicht ihr aufoktroyiert sein.

Siebentes Kapitel.
Der Kosmos der Wissenschaften.

Die Wissenschaften sind zuerst aus der Praxis erwachsen, und zwar aus der Heilkunst, der Feldmeßkunst, den Werkstätten der Bauleute und Maler, der Schiffahrt. Daß alle Wissenschaften zusammengehören, ist eine philosophische Idee. Erst aus ihr entspringt die Einheit der Wissenschaften als die Aufgabe, das Ganze des Wissens zu gestalten. Damit beginnt das Zusammenwirken aller Wissenschaften auf ein Ziel hin.

Der uralte praktische Unterricht denkt als solcher nicht an das Ganze der Wissenschaften, nicht an die Reinheit des Wissens, sondern nur an die besonderen Erfordernisse des Könnens für den jeweiligen Beruf. Der wissenschaftliche Unterricht im Sinne der Universität dagegen will in den Grund des Wissens führen durch die Idee des einen Wissens. Er läßt die besondere Praxis ihre Wurzeln finden in der Wissenschaftlichkeit im Ganzen, sowohl wegen der Tiefe des dadurch aufgehenden Sinns als auch wegen der Erweiterung des möglichen Könnens.

Die Universität hat jederzeit die Aufgabe, den Forderungen der praktischen Berufe zu genügen und gleicht insofern den alten praktischen Schulen. Aber die Universität bringt das grundsätzlich Neue, daß sie diese Forderungen erfüllt durch Aufnahme in das Umgreifende des Wissens überhaupt.

Von der einen Seite her kann die Universität daher aussehen wie ein Aggregat von Schulen, die sich gegenseitig nichts angehen, oder auch wie ein geistiges Warenhaus, in dessen Fülle an Angebot ein jeder sich erwerben mag, was er will. Von der andern Seite aber bedeutet dieser Aspekt nur den Vordergrund, der Verfall wäre, wenn er zur wirklichen Struktur der Universität würde. Vielmehr ist die Universität die Erfüllung des Wissenkönnens in seinem weitesten Umfang aus der Einheit der Wissenschaften als einem Ganzen.

Dieses Ganze aber ist Problem. Es ist die Frage nach der sinnvollen Einteilung der Wissenschaften. Die Einteilung scheint in der Universität repräsentiert durch die Gliederung in Fakultäten. Die Einteilung der Wissenschaften und die Ressorts der Fakultäten müssen zueinander in Beziehung stehen. Aber die beiden Gliederungen fallen keineswegs zusammen.

Auf die Frage, welche Wissenschaften es gebe, ist eine erste Antwort zu erhalten durch den Vorlesungskatalog einer großen Universität. Dort finden sich, angeordnet nach Fakultäten, dann innerhalb der Fakultäten zum Teil nach Sachgebieten, fast unübersehbar aneinandergereihte Themata. Man sieht, daß dieses Ganze des Vorlesungskatalogs nicht nach einem Plan entworfen,

sondern daß es historisch in immer weiterer Ausbreitung entstanden ist.

1. Die Einteilung der Wissenschaften.

Da der Kosmos der Wissenschaften nicht in der Praxis begründet ist, sondern in der Philosophie, ist er wirksam an der
Universität, soweit ein philosophisches Bewußtsein alles durchdringt.

Seitdem die Einheit des Wissens als Idee ergriffen wurde, ist
sie in den Einteilungen der Wissenschaften zur Erscheinung
gekommen. Es liegen zahlreiche Schemata solcher Einteilungen
vor. Keine ist als die wahre schlechthin gültig und durchschla-
gend. Nur wenn im Hochgefühl, die Wahrheit im Ganzen gewonnen zu haben, ein absolutes Wissen sich seiner gewiß zu
sein meinte, konnte auch eine Einteilung der Wissenschaften als
die eigentliche und vermeintlich endgültige festgestellt werden.

Mit jedem Zusammenbruch aber eines solchen Absoluten als
einer endgültig in der Welt erfaßten Gestalt mußte die Neu-
gestaltung sich der mannigfachen Beziehungspunkte bewußt
werden, unter denen Einteilungen der Wissenschaften einen
relativen Sinn haben. Es ist die Befreiung des Erkennens: das
Wissen wird Bildungsmoment nicht mehr durch ein festes Weltbild, durch keine Ontologie, sondern durch die Offenheit des
Wissenkönnens in allen möglichen Richtungen.

Unter der falschen Voraussetzung einer einzigen schon bestehenden richtigen Wissenschaftseinteilung verfährt man bei
der Erörterung der Stellung einer Wissenschaft so, als ob man
sie durch Bezüge auf solche festen Punkte begrenzen und lokali-
sieren könne. Wenn man dagegen aus dem Gehalt einer Wissenschaft ihre Stellung im Ganzen fühlbar machen will, so führt
der Weg in die Tiefe, aus der heraus diese eine Wissenschaft
wie ein Kosmos im Kleinen, wie eine Repräsentanz des Wissens überhaupt erscheinen kann. Denn es gibt kaum einen
gehaltvollen Gegenstand, der nicht schließlich in der Gesamtheit
des Wissens aufgehoben wäre, dadurch, daß von überall her
Licht auf ihn fällt, oder ebensosehr umgekehrt, daß von ihm her
auch alles andere Wissen aufleuchtet.

Einteilungen der Wissenschaften pflegen auszugehen von umfassenden Gegensätzen; man teilt etwa ein:

Theoretische und praktische Wissenschaften: Die theoretischen gehen ohne Zweck auf die Sache selber, die praktischen auf die Anwendbarkeit für einen zu verwirklichenden Zweck in der Welt.

Erfahrungswissenschaften und reine Vernunftwissenschaften: Die Erfahrungswissenschaften gehen auf reale Gegenstände in Raum und Zeit; die reinen Vernunftwissenschaften auf ideale Gegenstände, die der Erkennende begreift, indem er sie konstruiert. Die Mathematik hat ihre einzigartige Stellung als Wissenschaft von idealen Gegenständen.

Naturwissenschaften und Geisteswissenschaften: Die Realität der Erfahrungswissenschaften ist entweder von außen ergriffen wie die Materie, oder von innen verstanden, wie der Geist. Die Naturwissenschaften erklären von außen durch Kausalgesetz oder mathematische Konstruktionen, die Geisteswissenschaften verstehen von innen durch Sinngesetze.

Gesetzeswissenschaften und historische Wissenschaften: Gesetzeswissenschaften suchen das Allgemeine, historische das je einmalige Individuum zu erkennen.

Grundwissenschaften und Hilfswissenschaften: Grundwissenschaften sind solche, die in der Tat aus dem Ganzen des Wissens das Licht in sich sammeln, daher das Ganze vertreten, insofern einen universalen Charakter haben. Hilfswissenschaften sind solche, in denen entweder nur gesammelt, Stoff herbeigebracht wird, oder in denen für praktische Einzelzwecke Zusammenstellungen des hier brauchbaren Wissens erfolgen.

Alle diese Polaritäten, in denen wissenschaftliches Erkennen zu Gegensätzen auseinandertritt, sind in sich verbunden. Nur vorübergehend kann das Entgegengesetzte unter Ablösung des anderen Pols sich trennen: es wird dann alsbald unfruchtbar. Das Wesen der konkreten Wissenschaften ist, daß je der eine Pol mit dem andern zur Geltung kommt. Keineswegs sind die Wissenschaften in je zwei Gruppen sauber und radikal zu trennen.

Die konkreten Wissenschaften sind charakterisiert durch ihren Gegenstand, dessen Grund sie mit allen Methoden näher zu kommen suchen. Daher gelingt es nicht, eine Einteilung der Wissenschaften zu gewinnen, so wenig man die Wellenkreise einer Wasseroberfläche, die aus zahlreichen Ausgangspunkten übereinander hingehen, als ein Ganzes einteilen kann.

Aber dann ist doch, könnte man meinen, eine Einteilung nach den Gegenständen — den Ausgangspunkten der Wellenkreise — möglich und grundlegend. Etwa in der Reihenfolge aufsteigender Abhängigkeit von den je früheren: Physik und Chemie, Biologie, Psychologie, Soziologie. Das wäre eine Reihe der das Allgemeine suchenden Wissenschaften. Oder: Geschichte des Kosmos, Erdgeschichte, Lebensgeschichte, Menschheitsgeschichte, europäische Geschichte. Das wäre eine Reihe der auf das Einmalige und daher Individuelle gehenden Wissenschaften. Man sieht, daß sogleich schon wieder eine der Polaritäten bei der Einstellung mitwirkt. Ferner würde sich bei näherer Vergegenwärtigung zeigen, daß zwar einzelne Wissenschaften in solcher Einteilung einigermaßen zutreffend. wenigstens nach einer ihrer Seiten, charakterisierbar sind, daß aber eine wirkliche Einteilung auch hier nicht erreicht wird, sondern nur eine Gruppierung, die soweit anspricht, als sie jeweils einzelne faktische Wissenschaftsgebiete trifft.

Das eine liegt bei einem Schema der Wissenschaftseinteilung zumeist in einer durch das Schema bevorzugten Wissenschaft. Die Tatsache, daß fast alle Wissenschaften sich gelegentlich zu den eigentlichen, allumfassenden Wissenschaften verabsolutiert haben, hat seinen sinnvollen Grund. Er liegt darin, daß jede echte Wissenschaft ein Ganzes ist. Der Irrtum liegt darin, daß dabei die anderen konkreten Ganzheiten des Erkennens in ihrem eigenen Ursprung nicht mehr gesehen werden, so daß eine Verarmung des Wissensbewußtseins durch die Beschränkung auf die übersteigerte besondere Wissenschaft eintritt.

Das Eine des Wissens ist Idee. Jede Einteilung der Wissenschaften ist ein vorläufiges Schema der Idee aus einem besonderen Gesichtspunkt in einer geistesgeschichtlichen Situation und ist daher auch falsch.

2. Die Fakultäten.

Der an der Universität lebende Kosmos der Wissenschaften kann nicht aus einem Prinzip entworfen sein. Nicht ein Kopf hat aus dem Wissen des gesamten Umfangs das Ganze geplant wie ein Fabrikunternehmen, in dem die Arbeit geteilt wird. Vielmehr sind die Wissenschaften als eine Vielheit je auf ein Ganzes gehender Erkenntnisbewegungen erwachsen. Die konkreten Wissenschaften sind solche Ganzheiten geblieben. Sie liegen nicht wie säuberlich abgetrennte Fächer eines Aktenschranks nebeneinander, sondern überschneiden sich, treten miteinander in Beziehung, ohne sich darum notwendig zu vermischen, gliedern sich, ohne darum ineinander zu fließen, auf ein unendliches erfülltes Eines hin. Diese Bewegung miteinander, ohne daß starre Punkte bestehen, dieses Leben aus dem Ganzen, aber in je besonderer Gestalt, dieses Sichgliedern immer auch getrennt bleibender Untersuchungen macht das Wesen der Universität aus.

Die heute noch bestehenden Fakultäten stammen aus dem Mittelalter. Es waren die oberen Fakultäten: die theologische, juristische, medizinische und als vierte, untere Fakultät kamen die artes liberales hinzu (die heutige philosophische Fakultät). Der Sinn dieser Fakultäten hat sich gewandelt mit dem Sinn der Forschung. Sie sind schon vor einundeinhalb Jahrhunderten hier und da vermehrt, dann wieder auf die alte Anzahl zurückgeführt worden. Heute gibt es infolge Spaltung der philosophischen Fakultät in eine mathematisch-naturwissenschaftliche und eine geisteswissenschaftliche (dann noch die philosophische genannte) meistens fünf Fakultäten.

Die Fakultäten sind zu verstehen unter der Idee einer realen Darstellung des Kosmos der Wissenschaften. Sie repräsentieren das Ganze des Wissens. Jedoch sind sie nicht erwachsen aus einem theoretischen Schema der Wissenschaftsgliederung, sondern aus den großen Bereichen praktischen geistigen Tuns. Wie wahr von vornherein die Wurzeln dieses Tuns getroffen sind, zeigt sich darin, daß die Fakultäten heute noch ihre Geltung haben trotz radikaler Verwandlungen nicht nur der Welt, sondern des Wissens und Forschens seit dem Mittelalter. Theologie, Jurisprudenz und Medizin umfassen bleibende Grundbereiche im Verstehen der religiösen Offenbarung, des positiven Rechts- und Staatslebens, der Natur des Menschen. Sie sollen vorbereiten zur Praxis des Pfarrers, des Richters und Verwaltungsbeamten, des Arztes. Sie alle brauchen ein gemeinsames Grundwissen, zum mindesten das der Logik und Philosophie.

Theologie und Jurisprudenz und Medizin haben einen Zweck außerhalb der Wissenschaft: das ewige Heil der Seele, das bürgerliche Wohl als Glied der Gesellschaft, das Leibeswohl (K a n t). Damit haben sie einen Ursprung außerhalb der Wissenschaften. In ihnen treten Voraussetzungen auf, die nicht von wissenschaftlicher Eigenständigkeit sind, vielmehr der Wissenschaft Gehalt geben, Aufgabe und Ziel setzen. In der Theologie handelt es sich um die Offenbarung, die verstanden wird in der Geschichte der heiligen Schriften, der Kirche, der Dogmen, und die als gegenwärtiger Glaubensinhalt vergewissert wird. In der Jurisprudenz handelt es sich um das positive Recht des Staats, das, durch die Staatsmacht hervorgebracht und verwirklicht, logisch verstanden und in der Anwendung rational berechenbar gemacht wird. In der Medizin handelt es sich um die Gesundheit des Menschen, ihre Erhaltung, Förderung und Wiederherstellung auf Grund eines Wissens, das die Natur des Menschen begreift.

Jedesmal ist für das gesamte Tun dieser Fakultäten ein nicht wissenschaftlicher Boden. Wissenschaft erhellt diesen Boden. Oder es gerät das Tun dieser Fakultäten ins Bodenlose. Das ist an eigentümlichen Erscheinungen, die dann möglich werden, beispielsweise zu sehen:

In der Theologie wird die Grenze des Übervernünftigen berührt, aber durch Vernunft. Statt den Boden der Offenbarung vernünftig zu vergegenwärtigen, kann eine Leidenschaft in das Absurde erwachsen. Das sich Widersprechende soll wahr sein, der Glaubensinhalt durch Knechtung des Verstandes bestätigt werden, die Willkür des Gehorsams gegen etwas, das doch als Erscheinung in der Welt in Aussagen und Urteilen da ist, das rechte Leben sein. Gewaltsamkeit und Fanatismus, Ketzerrichtertum und Lieblosigkeit machen diese rabies theologorum aus.

Oder der Boden der Offenbarung wird verloren. Der Glaube soll als vernünftiger Inhalt aus der Vernunft als solcher entwickelt werden. Aber mit seinem geschichtlichen Grunde geht er selber verloren. Unglaube in einem in der Tat beliebigen Denken ist das Ende.

In der Jurisprudenz ist der Boden die Wirklichkeit der positiven Rechtsordnung. Diese soll als sinnvoll verstanden und in widerspruchslosen Zusammenhang gebracht werden. Ein natürliches Recht ist zwar kein fester Maßstab, aber eine Idee. Aus diesem Boden geht der Abfall in die Bodenlosigkeit der Rechtswillkür. Dann gilt das Positive einfach, weil eine Staatsmacht es gesetzt hat. Das Widerspruchsvolle und das Unrechte gilt nicht mehr als Einwand. Das Rechtswidrige wird juristisch begründet. Gewalt herrscht auch in diesem Denken statt Vernunft.

Umgekehrt sinkt eine Jurisprudenz ohne den positiven Rechtsboden eines geschichtlichen Staatswesens ins Nichts.

In der Medizin ist der Boden der Wille zur Förderung des Lebens und der Gesundheit jedes Menschen als Menschen in seiner Artung. Es gibt keine Einschränkung. Der Wille zum Helfen und Heilen trifft zunächst und immer den Einzelnen und alle nur, sofern die Einzelnen davon Vorteil haben, kein Einzelner einen leiblichen Nachteil hat.

Aber die Sorge für die Gesundheit ist insofern nicht eindeutig, als der Begriff der Gesundheit selber als Ziel des Menschen keineswegs eindeutig ist. Die Erfüllung der ärztlichen Aufgabe bleibt in einer Spannung. Sie wird bodenlos bei Preisgabe des Gesundheitsziels als absoluten Rechts jedes Einzelnen; aber sie verliert sich ebenso in bequemer Eindeutigkeit des Wesens der Gesundheit.

Wird z. B. eine bestimmte Artung bevorzugt oder wird ein besonderes leibliches Moment des Menschseins vor den Menschen im Ganzen gestellt, dann gibt es Gründe, zum vermeintlichen Vorteil der Gesamtheit Gesundheit und Leben Einzelner medizinisch zu schädigen. Man kommt unter dem Namen Euthanasie zum Mord der Geisteskranken, der Idioten, zur Zwangssterilisierung solcher, von denen man ungünstige Vererbungschancen erwartet.

Vernunft, Naturrecht (Gerechtigkeit), Leben und Gesundheit sind unumgängliche Maßstäbe, wenn das Forschen und Tun der drei oberen Fakultäten Sinn behalten soll. Daß in Offenbarung, positivem Recht, menschlicher Artung, wie sie ist, dunkle, ins Grenzenlose erhellbare, aber zuletzt auch immer unerhellte Mächte bleiben, gibt dem Forschen Gehalt und Bewegung.

Die philosophische Fakultät hat eine einzigartige Stellung. Sie bereitete ursprünglich nicht auf einen bestimmten Beruf vor, sondern sie war ihrem Sinne nach die Vorschule für alle andern — die oberen — Fakultäten. Diese Stellung hat sich gewandelt. Aus der Vorbereitung ist sie zur Grundlage geworden. Sie umfaßt für sich allein alle Wissenschaften. Die drei andern Fakultäten haben ihren wissenschaftlichen Sinn aus der Berührung mit den Grundwissenschaften, die in der philosophischen Fakultät zusammengefaßt sind. So ist die philosophische Fakultät, wenn man allein auf Forschung und Theorie den Blick richtet, für sich schon die gesamte Universität. Eine Einteilung der Wissenschaften, die alles, was Gegenstand in der philosophischen Fakultät wird, umfaßt, ist vollständig.

Sowohl die Einzigartigkeit der philosophischen Fakultät wie ihre Einheit gerieten im Laufe des 19. Jahrhunderts in Vergessenheit. Man ließ die Fakultät sich spalten — in eine mathematisch-naturwissenschaftliche und eine geisteswissenschaftliche Fakultät, von der schließlich als weitere noch die wirtschaftswissenschaftliche Fakultät abgetrennt wurde. Und man sah die Fakultäten als ein Nebeneinander, nicht in einem Aufbau. So ging der Sinn der Einheit der Universität verloren. Die Universität wurde für das Bewußtsein der in ihr Lebenden in der Tat ein Aggregat und gleichsam ein geistiges Warenhaus.

Die Motive für die Spaltung waren mehrere: der Umfang der alten Fakultät (sie umfaßt mehr Professoren als die drei anderen Fakultäten zusammen); der Riß zwischen Natur- und Geisteswissenschaften, der bis zur Entfremdung des Nichtverstehens und der gegenseitigen abschätzigen Beurteilung ging; die Ausbildung zu verschiedenen Berufen: Lehrer, Diplomchemiker, Diplomphysiker und Diplomgeologen, Diplomvolkswirt.

Die neue Verwirklichung der Einheit der Universität aus dem Bewußtsein des einen Kosmos der Wissenschaften kann nicht in einer Wiederherstellung früherer Zustände bestehen. Es kommt darauf an, den ganzen Umfang des modernen Wissens und Forschens zu integrieren: die Ausdehnung der Universität müßte zum Grunde eines wirklich umfassenden Ganzen werden.

3. Die Ausdehnung der Universität.

In der modernen Welt richtet die Universität fortlaufend Anstalten und Lehrbetriebe ein für neue Bedürfnisse der Gesellschaft. Es sind entweder technische Spezialitäten oder Stoffgebiete oder Zusammenfassungen für bestimmte Berufszwecke, die eine besondere Lehrvertretung verlangen. Die Ausdehnung der Universität ist ein unaufhaltsamer Prozeß. Darin liegt ein

Sinn: alles menschliche Tun ist wissendes Tun; wo immer
Wissen erforderlich ist, da geht an die Universität die Forderung, es zur höchsten Entfaltung zu bringen und zu lehren.

Aber die Folge war nicht selten eine gedankenlose Erweiterung ins Zerstreute eines beziehungslosen Nebeneinander beliebiger Fächer. Astronomie und Betriebswissenschaft, Philosophie und Hotelfachwesen stehen schließlich auf gleicher
Ebene eines endlos vielfachen Aggregats.

Demgegenüber wäre eine rein negative Haltung nur un-
fruchtbares Vornehmtun. Die Idee der Universität verlangt
Aufgeschlossenheit. Es gibt nichts, das nicht wissenswert wäre,
und keine Kunst, die nicht ein Wissen erfordert. Aber die Universität kann allem nur gerecht werden, wenn es ihr gelingt,
es mit dem Geiste des Ganzen zu durchdringen. Sie muß die
Struktur der Wissenschaftlichkeit dadurch bewahren, daß sie
das herangebrachte Material faktischen Wissens und Könnens
in erneuerter Gestalt aneignet und unter Führung der Ideen im
Ganzen des Wißbaren eingliedert.

Es gibt zwei Weisen der Erweiterung durch Vermehrung der
Fächer. Die erste Weise ist die der natürlichen Entwicklung der
Wissenschaft, die sich reicher werdend gliedert. In den Spaltun-
gen des Ganzen bleibt das Neue je ein Ganzes, wie Leben aus
Leben hervorgeht. So wurden in der Medizin die Psychiatrie
und die Augenheilkunde selbständig, beide als Wissenschaften
und durch ihre Vertreter von universalem Charakter. So ist
umgekehrt gerichtliche Medizin zweifellos kein geistig selbständiges Fach, sondern eine Sammlung technischer Fertigkeiten und des für diesen Zweck nützlichen Wissens. Zweifelhaft
ist der Rang der Zahnheilkunde oder auch noch der Ohren- und
Nasenheilkunde, weil die Organe, die der Gegenstand dieser
Fächer sind, nicht die Möglichkeit universellen Ausgreifens mit
sich bringen — das Fach steht nicht geistig gleichwertig neben
innerer Medizin, Augenheilkunde, Psychiatrie. Zweifelhaft ist
auch der Rang der Hygiene. Obgleich hervorragende Vertreter
dieses Faches mit Recht Ordinarien waren, ist das Fach als
solches doch praktisch-technisch begrenzt, ohne vorantreibende
Idee. Daß die Bakteriologie produktiv von Hygienikern gefördert wurde, gibt dem Fach als solchem noch nicht den Rang der
ideebestimmten Grundwissenschaften. Doch auf diese Fragen
im einzelnen zu antworten, würde jeweils eingehende Studien

und das Sachverständnis für diese Gebiete verlangen. Uns kommt es auf das Prinzip an: Spaltung der Wissenschaften zum Aufbau neuer Fächer ist in dem Maße zu bejahen, als die abgespaltene Wissenschaft von Ideen beseelt ein Ganzes mit universalem Horizont entwickelt und dadurch eine Grundwissenschaft bleibt.

Die zweite Weise der Erweiterung ist das Herankommen neuen Stoffes und neuen Könnens von außen. Sie begehren Einlaß, weil sie zum Kosmos der Wissenschaften ein unersetzliches Glied beitragen können. Daß dann z. B. Indologie und Sinologie Grundwissenschaften sind, aber nicht Afrikanistik und Vorgeschichte, das liegt an dem Gehalt dieser Kulturen.

Die Ausdehnung der Universität verlangt zugleich mit der Erweiterung die Besinnung auf die Einheit des Wissens, auf die ständige Erneuerung des Kosmos der Wissenschaften. Dazu bedarf es der Sicht auf die Grundwissenschaften in ihrer Verwandlung zu neuen Gestalten und Unterscheidungen und bedarf es der Hierarchie der Wissenschaften, der Abstufung von Grundwissenschaften und Hilfswissenschaften, von Lehre durch Forschung und von Lehre als didaktischem Unterricht im Wissen und Können.

Die Ausdehnung der Universität wird zu einer Lebensfrage in der modernen Welt. Was heute entstanden ist, muß erkannt und Glied im Ganzen der Universität werden. Es muß sich zeigen, ob die Universität der neuen Welt gewachsen ist, sie in sich aufzunehmen und ihr zu dienen, und ob das neue Können und Wissen sich durchdringen läßt von dem Geist, der ihm doch eigentlich erst Sinn gibt.

Die drei früheren oberen Fakultäten — Theologie, Jurisprudenz, Medizin — treffen wohl durch die Jahrtausende bleibende Lebensbereiche, aber sie reichen nicht aus, die Bereiche des modernen Daseins zu umfassen. Das ist sichtbar an den zahlreichen Hochschultypen, die außerhalb der Universität gegründet sind: Technische Hochschule, Landwirtschaftliche Hochschule, Tierärztliche Hochschule, Lehrerbildungsanstalten, Handelshochschule, Bergakademie u. a. Zeigt sich nicht darin ein Versagen des Lebens der Universität? Hat sich hier eine geistwidrige Verselbständigung durchgesetzt? Es gibt zu denken, daß in der Folge doch das, was der Universität gehört, auch auf diesen Hochschulen gepflegt wird, und daß sie die

natürliche Tendenz haben, sich zur Universität zu erweitern, so
daß an der Technischen Hochschule auch die geisteswissen-
schaftlichen Fächer bis zur Philosophie hin Lehrstühle fanden,
oft ohne daß mehr erreicht wurde als ein der Kraft geistigen
Entdeckens beraubter Bildungsbetrieb (trotz hervorragender
geisteswissenschaftlicher Forscher, die sich hier manchmal wie
im Exil fühlten). Steht die Entleerung unseres modernen
Lebens vielleicht im Zusammenhang mit dieser Zerstreuung?
Ist ein Weg, um aus der Bodenlosigkeit des Spezialistischen,
der Ziellosigkeit im Ganzen, der Ratlosigkeit des Zerstreuten
zurückzukehren, vielleicht die neue Verwirklichung der Einheit? Es wäre die Frage der Eingliederung großer neuer Total-
gebiete des Lebens in die Universität neben der Medizin, Jurisprudenz und Theologie. Die drei bisherigen Spezialfakultäten
sind zu wenige. Ihre Gliederung entsprach der Welt des Mittel-
alters. Aber ein Fortschritt besteht nicht durch einfache Vermehrung. Man kann nicht beliebig weitere Fakultäten daneben
setzen nur aus dem Grunde, daß irgendwo ein quantitativ
breiter Lehrbetrieb entstanden ist. Eine Spezialfakultät braucht
als Grundlage ein echtes Lebensgebiet.

Der Gedanke ist alt. Zum Beispiel wurde 1803 von der badi-
schen Regierung in Heidelberg eine selbständige „staatswirt-
schaftliche Sektion" errichtet und vorläufig der philosophischen
Fakultät eingegliedert. Diese Sektion umfaßte: Forstwissen-
schaft; Stadt- und Landwirtschafts-, Bergwerks- und Feld-
messungskunde; Land- und Wasserbaukunst; Kunst- und Ge-
werbekunde; Scheidekunst und Polizeiwissenschaft. Die Sektion
umfaßte „alles, was die Kenntnisse, die Erhaltung und Vermehrung, auch richtige Verwendung der Staatskräfte betrifft".
Von diesen Wissenschaften und Künsten blieb später nichts
übrig als das, was man dann Nationalökonomie nannte. Nicht
ein echtes, umfassendes Lebensgebiet wurde die Aufgabe jener
Sektion. Der Bezug auf die Staatsverwaltung war keine Idee,
sondern eine bloße Nützlichkeit, durch die sich allerhand Dinge
empfahlen. Darin steckte aber viel mehr.

Dieses Mehr hat jedoch erst das 19. Jahrhundert hervorge-
bracht und langsam bewußt werden lassen. Ein wirklich neues
Lebensgebiet ist, wie immer deutlicher wird, allein die Technik.
Die Technik scheint zwar uralt, sie hat sich entwickelt durch
Jahrtausende. Aber sie blieb bis zum Ende des 18. Jahrhunderts

im Breich des Handwerklichen. Darum blieb sie eingeordnet in einen im Grunde gleichbleibenden natürlichen Lebensraum des Menschen. Erst in den letzten anderthalb Jahrhunderten erfolgte der Einschnitt, der tiefer ist als alle weltgeschichtlichen Ereignisse der Jahrtausende, vielleicht so tief, wie die erste Entdeckung der Werkzeuge und des Feuers. Die Technik ist wie ein selbständiger Riese geworden. Er wächst und schreitet fort zur planmäßigen einheitlichen Ausbeutung und Verwertung des Erdballs. Er zieht die ihrem eigenen Werk gegenüber scheinbar ohnmächtig gewordenen Menschen in seinen Bann.

So ist die Frage, ob unter den menschlichen Grundanliegen in gleichwertiger Objektivität neben Theologie, Jurisprudenz, Medizin liegt, was erst die moderne Welt in ganzem Umfang mit den Folgen katastrophaler Verwandlung aller Zustände und des Ganges der Weltgeschichte verwirklicht hat: d i e F o r m u n g d e s m e n s c h l i c h e n D a s e i n s i n d e r N a t u r , d i e G e s t a l t u n g d e r M e n s c h e n w e l t i n d e r B e h e r r s c h u n g d e r N a t u r k r ä f t e , d e r t e c h - n i s c h e n W e l t .

Eine Erweiterung der Universität durch eine vierte Fakultät, nach und neben den drei anderen „oberen Fakultäten", der Theologie, Jurisprudenz, Medizin, ist eine wirkliche Aufgabe. Denn nur hier liegt gegenüber dem Früheren ein neues Lebensgebiet vor uns, das noch in zugleich ordnender und chaotischer Entwicklung steht und in seinem menschlichen Sinn noch durchaus unklar ist.

Dabei bleibt für alle Menschen die unmittelbare Umwelt, wenn diese auch ihren Charakter verändert. Von der Familienwohnung bis zu Bauten für öffentliche Zwecke, von den Straßenanlagen bis zu Mitteln des Verkehrs, des Transports, des Nachrichtenwesens, von den Einrichtungen von Küche, Schreibtisch und Schlafgelegenheit bis zur Versorgung mit Wasser, Gas, Strom, alle diese Dinge, die unsere moderne, gegen alle frühere völlig verwandelte Umwelt ausmachen, alles dies ist zusammengehalten nicht bloß durch Zweckmäßigkeit und durch die Naturwissenschaften als das Mittel, sondern durch eine G r u n d i d e e d e r D a s e i n s f o r m u n g .

Aber weder solche Daseinsformung noch der umfassende Betrieb ihrer Instandhaltung und Erweiterung hat sich heute zu einer geordneten und stetigen Gestalt verwirklicht. Der ruhe-

lose Gang der Verwandlung mit der technischen Riesenarbeit
läßt den Menschen heute taumeln zwischen Begeisterung und
Ratlosigkeit, zwischen märchenhaftem Können und simpelstem
Versagen.

Es ist, als ob alles darauf warte, hineingenommen zu werden
in den einen Strom der technischen Ordnung, der für uns
historisch nicht zureichend begreiflich fast plötzlich vor hun-
dertundfünfzig Jahren zu fließen begann und bis heute noch
immer steigend allüberflutend anschwoll. Jetzt ist uns zumute,
daß dieses ungeheure Phänomen aus metaphysischem Ursprung kommen muß und fordert, daß alles in seinen Sinn ein-
treten soll, wenn es leben will. Es ist, als ob etwas erwachen
müßte, was noch immer im Halbschlummer liegt oder was
durch den Vordergrund des technischen Einzelkönnens bis jetzt
noch zum Schweigen veranlaßt wurde oder was in dunklem
Bewußtsein Entsetzen und Ablehnung erzeugte (in G o e t h e
und J. B u r c k h a r d t).

Vielleicht ist das Heil des Geistes, dem die Universität dient,
und das Heil der Technik davon abhängig, daß beide sich
treffen. Vielleicht würde der Technik und der durch sie ent-
standenen Zerstreutheit eine Durchseelung mit Sinn und Ziel
zuteil; vielleicht würde aus der Universitätsidee eine Offenheit,
Wahrhaftigkeit und Gegenwärtigkeit möglich, in der diese Idee
sich bewährt, indem die Universität selber sich eine neue Gestalt gibt.

Nur dann, wenn ein neuer Aufschwung der alten Universitätsidee in den Forschern die Größe der Aufgabe fühlbar macht, ist
eine Hoffnung, daß die Eingliederung der technischen Hochschule als technische Fakultät fruchtbar würde. Nur dann,
wenn der Antrieb, der dazu führt, in allen Fakultäten sich aus-
wirkte, würde mit der Eingliederung zugleich eine geistige Erneuerung der ganzen Universität erfolgen, von der die Eingliederung der technischen Fakultät nur ein Teil wäre. Die
Größe der Aufgabe, das ist die Schaffung des wirklich umfassenden Bewußtseins des Zeitalters, seines Wissens und Könnens,
ist die Verwandlung zur zukünftigen Universität.

Daher würden mit der Eingliederung der Technik zugleich
andere Strukturänderungen unbedingt notwendig, vor allem die
Wiederherstellung der Einheit der alten philosophischen Fakul-

tät, die Aufhebung der Spaltung in die naturwissenschaftliche und geisteswissenschaftliche Fakultät. Nur in ihrer Einheit wird sie den Kosmos aller theoretischen Grundwissenschaften mit der Kraft verwirklichen, die den im Umfang vermehrten und an Wucht gesteigerten praktischen Fakultäten das Gleichgewicht halten kann. Dann ist die Gefahr verringert, daß etwa eine weiter isoliert bestehende naturwissenschaftliche Fakultät sich langsam an Technik und Medizin verliert und die übrigen Fakultäten in ihrem stillen, ästhetischen Abseits kostbare Erinnerungen ohne Lebensmacht pflegen läßt.

Weiter würde notwendig sein eine neue „Aristokratisierung" der Wissenschaften, eine Gliederung in Grund- und Hilfswissenschaften, in eine Hierarchie der Fächer.

Eine technische Fakultät wäre an der Universität etwas Neues, das nicht nur ein schon Gegebenes einzugliedern, sondern etwas früher nie Geahntes an der Universität hervorbringen müßte. Die weltgeschichtliche Lebensfrage der Menschheit, wie aus der Technik mit ihr die jetzt mögliche metaphysisch begründete Lebensform erwächst, wird erst zu vollem Bewußtsein kommen. Dann werden Wege und Möglichkeiten sichtbar. Niemand weiß, aus welchen Fakultäten die stärksten Antriebe dazu kommen werden, wenn erst die Aufgabe in ständiger Berührung der Forscher miteinander zu wirklichem geistigen Leben wird.

Ein Hinweis auf die Eigenständigkeit des Lebensgebiets, das Gegenstand der technischen Fakultät ist, ist folgende Erwägung: jede der Spezialfakultäten hat, weil eine eigene Voraussetzung, ihr eigenes Unheil, wenn diese Voraussetzung ausbleibt: die Theologie aus dem Geheimnis der Offenbarung den willentlichen Sturz ins Absurde und in Ketzerzwang — die Jurisprudenz aus dem Positivismus des Rechtsdenkens den Sturz in die rechtliche Begründung des Rechtlosen in Willkür und Gewalt, — die Medizin aus dem unbegründbaren Heilwillen in den Geisteskrankenmord. So hat auch die technische Fakultät Boden oder Bodenlosigkeit. Man hört von der Besinnung altgewordener Techniker, die ein Entsetzen ergriff angesichts dessen, was sie unwissentlich und ohne Willen angerichtet haben dadurch, daß sie es möglich machten. Man hört von der Öde technischer Arbeit ohne Endziel, von der Willkür der Zielsetzung, von dem zwecklosen Können als solchem. Der Boden

alles technischen Tuns aber ist der g e h a l t v o l l e Wille zum
A u s b a u   d e s   M e n s c h e n d a s e i n s   i n   d e r   W e l t.

Die technische Fakultät könnte so wenig wie die medizinische
als ein Adnex der philosophischen Fakultät gelten. Sie ist selbständig durch ihr eigenes Lebensgebiet und ihre praktische
Aufgabe. Aber sie ist ebenso wie die medizinische sachlich und
im Unterricht fundiert durch die Grundwissenschaften, die in
der philosophischen Fakultät ihr Leben haben.

Daraus wäre zunächst äußerlich die Folge: Physik, Chemie,
Mathematik brauchten nicht, wie an der technischen Hochschule, noch einmal bei der technischen Fakultät vertreten zu
sein. Die Verdoppelung fiele weg. Die Geistesgeschichte, die Geschichte der Kunst, die Wirtschafts- und Staatswissenschaften
würden ebenfalls in der philosophischen Fakultät gepflegt. Damit aber würde durch den Anspruch der Techniker auch der
philosophischen Fakultät ein frischer Antrieb gegeben. Die
Grundwissenschaften würden bewußter auf den umfassenden
Horizont des theoretischen Forschens gerichtet sein derart, daß
sie in ihrem Unterricht das verwirklichen, was gleichzeitig den
Medizinern, Technikern, Lehrern notwendig ist und sie alle vereinigt in dem gemeinsamen Raum dieser geistigen Gehalte. Wie
das sich in der persönlichen Gestalt des Forschers und Lehrers
jeweils zeigt, ist nicht allgemein zu sagen. Vielleicht wird dabei
der Unterricht die naturwissenschaftlichen und mathematischen
Erkenntnisse in ihrer historischen Entwicklung zeigen und die
Einheit der philosophischen Fakultät bis in die Stimmung der
Einzelwissenschaften hinein bewahren.

Alles in allem: die Vereinigung von Universität und technischer Fakultät würde beiden zum Heile. Die Universität würde
reicher, umfassender, moderner; ihre Grundfragen kämen in
neue Bewegung. Die technische Welt würde besinnlicher, ihr
Sinn würde zur ernsten Frage; ihre Bejahung und ihre Begren-
zung, ihr Übermut und ihre Tragik kämen zu tieferer Auffassung.

Nun ist es aber von größter Bedeutung, daß man die Eigenständigkeit und Universalität der technischen Welt als ein mo-
dernes Ereignis anerkennt, ohne die leere Folgerung zu ziehen,
daß nun noch eine ganze Reihe anderer Fakultäten berechtigt
seien. Neben der technischen Fakultät dürften keineswegs als
weitere gleichberechtigte Fakultäten stehen: Landwirtschaft-

liche, Forst-, Handelshochschule usw. Diese wären bloße Spezialitäten, ohne ein umgreifendes Lebensgebiet. Auch ihnen darf die Universität sich nicht versagen. Was lehrbar ist, darf sie zu ihrer Aufgabe machen, aber nur dann, wenn sie in ihrer Struktur eine radikale Scheidung zuläßt zwischen Forschungsgebieten, die durch Leistung und Gehalt ihr selbst e i n zugliedern sind, und solchen Lehrgebieten, die als besondere Lehrinstitute der Universität vorläufig nur a n zugliedern sind. Ihre Lehrer und Schüler würden im Rahmen der Grundwissenschaften leben und die geistige Luft der Universität atmen, ohne im engeren Sinne zu ihr zu gehören.

Der Unterschied zwischen der Tätigkeit der der Korporation zugehörenden Dozenten und der ihr nur angegliederten Lehrer ist: der Dozent hat sich für die Erfüllung auch des Sinnes seiner Lehre Forschungsaufgaben zu stellen; der Lehrer hat nur Unterrichtsaufgaben, die rein didaktisch zu beurteilen sind. Der Unterschied von Forscher und angegliedertem wissenschaftlichem Arbeiter ist: der Forscher steht im Verhältnis zu den Grundwissenschaften und ihren Ideen; der Arbeiter sammelt, leistet Hilfsarbeit, ist bezogen auf begrenzte Verstandeszwecke.

Angesichts der Notwendigkeit, dem Anspruch der Gesellschaft auf hochschulmäßige Erziehung in einer immer größeren Anzahl von Berufen zu genügen, ist nur die Wahl zwischen realitätsfremder Verwerfung dieser Ansprüche in falscher aristokratischer Absperrung und tatsächlicher Angliederung. Wird diese letztere vollzogen — mit Recht behutsam und Schritt für Schritt —, so ist es eine schwere Frage, ob es an der Universität losgelöste, subalterne bloße Fertigkeiten auf die Dauer geben müsse; ob unser aller Gedeihen abhängt von spezialisierten Handwerken des Geistes, einer gehobenen Arbeit ohne ein sie erfüllendes Verständnis im Ganzen, von Routine und Tüchtigkeit ohne Totalität. Oder ob dies auf die Dauer verwerflich, wenn auch für die Zeit zunächst hinzunehmen sei. Ist die Universität eine Menschheitsidee, die alle am Ende in sich aufnehmen muß, alles Wissen und Können auf den höheren Rang heben soll? Oder ist darin ein Esoterisches, das für immer an eine Minderheit gebunden bleibt? Der zwangsläufige Anspruch aller, die gegen Rangordnung sind, darf nicht täuschen. Dieser Anspruch ist voreilig: man kann nicht dekretieren, was nur durch tatsächliche Arbeit aller Menschen aus sich selber erwachsen kann. Auch der Traum einer Verwirklichung höchsten Menschseins in allen Menschen darf nicht täuschen. Dieser Traum ist eine Utopie, die man nicht verwirklicht, indem man voraussetzt, er sei schon wirklich, wenn auch niemand wissen kann, wieweit er zu verwirklichen ist. Jedenfalls ist es an der Universität ein Notbehelf, sich Lehrinstitute anzugliedern, ohne sie schon einzugliedern. Um nicht dem Verfall in allgemeine Niveaulosigkeit preisgegeben zu sein, muß die Universität in sich die aristokratische Ordnung aufrecht erhalten und Eingliederung nicht durch Dekrete, sondern durch Wachsenlassen geistiger Wirklichkeit vollziehen, die dann am Ende nur der Bestätigung bedarf.

III. Die Daseinsvoraussetzungen der Universität.

Die Idee der Universität muß mit den Realitäten rechnen, die für ihre Verwirklichung zugleich Bedingung und Beschränkung werden.

Erste Voraussetzung sind die Menschen, die sich an ihr zusammenfinden, deren Artung und Fähigkeiten (8. Kapitel).

Zweite Voraussetzung ist die Macht von Staat und Gesellschaft, durch deren Willen und deren Bedürfnisse die Universität erhalten wird (9. Kapitel).

Dritte Voraussetzung sind die materiellen Mittel, die ihr zur Verfügung gestellt werden (10. Kapitel).

Achtes Kapitel.

Die Menschen.

Das gesamte Universitätsleben hängt ab von der Art der Menschen, die sich in ihm zusammenfinden. Eine einzelne Universität hat ihren Charakter durch die Professoren, die an sie berufen werden. Jede Universität ist gebunden an die Menschen, die für sie zu gewinnen sind. Die wahrste Universitätsidee wird vergeblich zum Bewußtsein gebracht, wenn die Menschen nicht mehr da sind, die sie erfüllen können. Wenn sie aber da sind, so ist es die Frage um Leben und Sterben der Universität, ob sie gefunden und gewonnen werden.

Nicht weniger als von den Professoren hängt das Universitätsleben ab von der Art der Studenten. Eine untaugliche Studentenmasse würde die besten Professoren unwirksam im Schulbetrieb versinken lassen. Es kommt daher darauf an, daß die jungen Menschen, die zum Studium berechtigt sein sollen, nach den bestmöglichen Gesichtspunkten diese Berechtigung erhalten. Eine Auslese muß den Zugang zur Universität bestimmen. Die Zulassung verlangt notwendig eine schulmäßige Vorbildung, ohne die das Studium vergeblich wäre. Das Studium setzt aber weiter voraus, daß der Mensch bildbar sei, daß er die

Veranlagungen, Begabungen und Charaktereigenschaften mitbringe, die sich im Universitätsstudium entwickeln können.

Es ist die Frage, an welche Studenten sich der Universitätsunterricht wendet. Nur äußerlich an alle, seinem Sinne nach an die Besten. Das Ziel ist, daß die Besten aus der nachwachsenden Generation zu freier Entfaltung und Wirkung kommen. Was für Menschen die Besten sein werden, ist jedoch nicht vorauszusehen; ein Typus kann nicht absichtlich gemacht oder bevorzugt werden, ohne vielleicht gerade die Besten zu zerstören: die Ernstesten, die von der Wahrheitsidee ursprünglich betroffen sind, denen Studieren, Lernen und Forschen weder bloße Beschäftigung noch lastende Arbeit ist, sondern die Lebensfrage, an dem Hervorbringen der Welt durch Wissen und durch Wahrheitsdienst mitwirken zu dürfen. Die Besten sind nicht ein Typus, sondern eine nicht übersehbare Mannigfaltigkeit schicksalsgetragener Persönlichkeiten, deren Wesen in dem Ergreifen einer Sache schließlich objektive Bedeutung gewinnt.

Dem geistigen Menschen eignet ein Wesenszug: er will das geistige Leben nicht als Mittel zu einem anderen, ihm äußeren Zweck, nicht als Mittel des Erfolgs in der Welt. Vielmehr neigt er zur Vollendung in einer gegebenen Lebenslage, zur Verwirklichung einer Idee (als Arzt, Lehrer, Richter usw.), und zur Erfüllung jeder Lebenssphäre durch die ihr gemäße Substanz, zur Gegenwärtigkeit des Sinnes im geistigen Tun als solchem. Ist ihm die notwendige Muße durch Befreiung von der unmittelbaren Daseinsnot gewährt, so ist er in strenger Selbstdisziplin tätig für die Erfüllung sachlicher Aufgaben, die ihren Wert in sich haben. Sein Leben als Mensch, der Selbstzweck ist, ist dieses nur durch Zusammenfall mit einer geistig objektiven Bedeutung durch das tiefe Glück, Träger einer Idee zu sein.

Offenbar kann der Zweck einer Auslese nicht sein, die Menschen als ein gegebenes Material zu verwerten durch Ausnutzung für Daseinszwecke, die ihnen selber keine Erfüllung bringen. Vielmehr soll im Geistigen der Mensch zu sich selber kommen, nie nur Mittel, sondern als Einzelner Endzweck sein.

Um zur Beantwortung der im Blick auf Menschenartung und Auslese entstehenden Fragen die Gesichtspunkte und Tatsachen zu gewinnen, bedarf es der Überlegung über die Begabungsarten (1), über ihre Verteilung und die Eigenschaften der Masse (2), und dann über die auswählenden Kräfte (3).

1. Die Begabungsarten.

Es ist eine doppelte Erfahrung: daß die Menschen so sehr verschieden sind und daß doch alle Menschen etwas Gemeinsames haben. An das Gemeinsame denkt, wer gleiches Recht für alle will. Diese Forderung ist sinnvoll, wo wirklich Gemeinsames und Gleiches vorhanden ist, etwa im materiellen Dasein und seinen Bedürfnissen. Das Verschiedene betont, wer verlangt, die Rangunterschiede der Menschen zu sehen und zu achten; wer die verschiedenen Eignungen sieht und sie zweckmäßig zum Nutzen größter Leistung verwandt wissen will; wer die menschlichen Interessen und Triebrichtungen sieht, die Art, dem Geiste zuzustreben, die Unterschiede der Opferfähigkeit für seine geistige Existenz.

Die Verschiedenheit der Menschen ist außerordentlich. Hier gibt es für den, der sich die Realität nicht verschleiern will, unausweichliche Einsichten. Sie sind in der Lebenserfahrung begründet und zum Teil durch methodische Untersuchungen gesichert. Aber der Mensch ist als Mensch ein Wesen offener Möglichkeiten. Der Einzelne ist als Ganzes niemals unter irgendwelche Begabungs- und Charaktertypen zu klassifizieren. Alle Untersuchungen in dieser Richtung sind Versuche, um ein Licht auf den Menschen zu werfen, das ihn in Aspekten zeigt, aber nicht im Ganzen enthüllt.

Wir unterscheiden:

a) Die Voraussetzungen der Begabung, wie Gedächtnis, Merkfähigkeit, Lernfähigkeit, Ermüdbarkeit, Übbarkeit, Eigenschaften der Sinnesorgane, Unterscheidungsempfindlichkeit, Ablenkbarkeit, Tempo usw. Alles dieses ist experimentell untersuchbar, mehr oder weniger meßbar, auch bei einer Gruppe von Individuen vergleichend zu prüfen, so daß man hier für die jeweilige Leistung die der Begabung nach Tüchtigsten herausfinden kann.

b) Die eigentliche Intelligenz ist schwerer zu fassen. Man hat auch hier Prüfungen, z. B. der Kombinationsfähigkeit, der Anpassungsfähigkeit an neue Situationen, der Urteilskraft versucht. Jedoch ist hier alles unsicherer, manchmal greifbar bestimmt, dann wieder überraschend dadurch, daß sonst versagende Menschen irgendwo bedeutende Intelligenz zu zeigen scheinen. Einerseits beachtet man auch hier besondere intellek-

tuelle Fähigkeiten (Talente), andererseits denkt man an einen
intellektuellen Zentralfaktor, eine allgemeine Intelligenz, ohne
eine endgültige Klarheit gewonnen zu haben.

c) Die Geistigkeit, das Ethos der Intelligenz, die „Interessen" (nach Abzug der bloßen Lust an der Ausübung der
Funktion, der bloßen Lust am Erfolg, am Übertreffen), die
Liebe zur Sache, der Aufschwung durch Ideen, die Wahrhaftigkeit, der Enthusiasmus des Erkennens. Dieses alles ist weder
experimentell zu fassen, noch empirisch endgültig zu beurteilen.
Es ist das unter den Menschen spärlich Verbreitete, und sogar
solche, die über die geistige Auslese in Prüfungen entscheiden,
scheinen oft selbst nur einen geringen Funken dieser Geistigkeit
in sich zu tragen.

d) Das Schöpferische. Dieses steht ganz außer der
Reihe des objektiv Beurteilbaren. Das Schöpferische ist dem
Menschen gegeben, dann im Fleiß erarbeitet oder nichtachtend
verschwendet. Es gibt verkommene Genies, die aus ihrem Dämon
nichts machen, da ihnen Zucht und Besonnenheit fehlt. Das
Genie entfaltet sich nur, wenn zugleich Ethos, Wille, Fleiß,
Handwerk da sind. Es gibt geniale Menschen, die schließlich
alles verlieren und ungeistig verkommen. Das Geniale, solange
es in einem Menschen flammt, schafft Urerfahrungen, ursprüngliche Ideen und Gestalten. Es ist nicht Gegenstand des Wollens,
außer jeder Berechnung und Züchtung, außerhalb jeder willentlichen Auslese, außerhalb zwingend zu machender Maßstäbe
(auch nicht vererbbar, im Gegensatz zu Talent und allen Begabungseigenschaften). Das Genie ist, metaphysisch gesprochen,
gleichsam ein Versuch, ein Wurf des absoluten Geistes, es ist
Quelle aller geistigen Bewegung. Wir leben von dem, was das
Genie uns geschaffen hat und von der Umsetzung des genialen
Werks in das allgemeine Wissen und Auffassen. Unsere höchste
Achtung gilt dem Genie, selbst wenn es verkommt. An uns ist
die Forderung, das Ursprüngliche, Geniale zu spüren, es sichtbar
zu machen und zur Geltung zu bringen. Darauf kann sich der
Wille richten, auf diese Arbeit der Aneignung. Wenn auch der
Unterschied zwischen dem Genie und uns außerordentlich ist, so
ist doch das Geniale oder das Ursprüngliche momentweise in
jedem Menschen — zumal in der Jugend —; nur dadurch kann
uns das Genie angehen, weil wir irgendwo auch von seiner Art
sind. Es ist ein absoluter Unterschied zwischen dem Genialen

und allem andern, das nur Begabung ist und guter Wille. Aber niemand ist ganz und gar Genius, sondern doch nur ein genialer Mensch. Es brennt mehr oder weniger dieses Feuer im Menschen, kein Mensch ist ein Gott. Aber der Unterschied ist im Grad so ungeheuer, daß wir einen Grund haben, unsere Distanz zum Genie auch qualitativ zu fühlen; der entscheidende Unterschied zwischen Menschen ist, ob dieser Dämon ihr Leben beherrscht oder die Regel der gesellschaftlichen, beruflichen, ethischen Ordnungen allein und an erster Stelle.

Diese Unterscheidungen zwischen den Voraussetzungen der Begabung, der eigentlichen Intelligenz, der Geistigkeit, dem Schöpferischen haben den Mangel, die Begabung im Ganzen als ein jeweils Soseiendes aufzufassen.

Erstens sind Charakter und Wesen, die in der Begabung sich zeigen, nicht gegenständlich faßlich, sondern sind das Menschsein, das nur nach einer Seite hin psychologisch objektivierbar und damit erforschbar wird, nach der anderen Seite aber nur transzendental formuliert werden kann als das Umgreifende, die Idee. Auslese durch psychotechnische Prüfungen trifft Äußerlichkeiten oder Werkzeuge. Für das Umgreifende gibt es keine objektiven Merkmale.

Zweitens ist kein Mensch endgültig das, als was er in seiner Erscheinung sich zeigt. Wie ein Volk ein ganz anderes Gesicht aufweisen kann, wenn gegenüber den bisherigen neue Menschentypen aus ihm zur öffentlichen Geltung kommen, die vorher verborgen und dienend bleiben, so kann derselbe Mensch ein völlig verschiedenes Charakterbild geben, wenn veränderte Redeweise und Gebärde durch Umgebung und Erziehung andere Elemente aus ihm zu Tage fördern. Jede Verwirklichung des Menschseins ist eine Teilverwirklichung des in ihm Möglichen, eine Verschiebung zugunsten einzelner Möglichkeiten.

Drittens liegt im Menschen der Ursprung seines Entschlusses. Er entscheidet irgendwo über sich selbst. Das Wort „ich bin nun einmal so" ist dort das Mittel des Ausweichens vor seiner Freiheit.

Trotzdem gibt es einen breiten Bestand des unüberwindbaren, jeweils nur zu übernehmenden Soseienden im Menschen. Aber man muß vorsichtig sein mit der Behauptung endgültiger Charakteranlagen oder Begabungen, die biologisch vererbbar sind. Ich zweifle nicht daran, daß diese bestehen und in der

Tiefe des Geschehens eine wesentliche, sei es ermöglichende, sei es ausschließende Bedeutung haben. Aber sie prägnant festzustellen ist nicht gelungen außer in jenen Voraussetzungen, die objektivierbar sind. Man macht sich das Urteil über Menschen durchweg zu leicht. Das Studium der Charaktere und Begabungen ist von hohem Interesse, aber am Ende steht das klare Nichtwissen, das den Raum frei hält für eigentliche Erziehung und für den Anspruch des Menschen an sich selbst.

a) Erziehung trifft sinnvoll auf den Menschen, der keineswegs eindeutig ist, was er ist. Es kommt darauf an, wie er von Jugend auf geprägt wird. Nicht allein eine nachweisbare unveränderliche Bestimmtheit der Anlage entscheidet, sondern von vornherein nicht übersehbare Möglichkeiten, mit deren Verwirklichung immer zugleich andere Möglichkeiten vernichtet werden. Ein Geist des Hauses, der Anstalt, der Gemeinschaft, der Öffentlichkeit formt durch die Weisen des darin gewohnten und von selber sich aufzwingenden Benehmens und Sprechens, der unwillkürlich anerkannten Symbole und Worte, durch Ansprüche und Formen. Nach dem Erscheinungsbild einer Menschengruppe zu urteilen, was diese Menschen ihrem Wesen nach seien, ist immer ungerecht, wenn man nicht die ihnen zuteil gewordene und täglich zuteil werdende Erziehung vergegenwärtigt. Man müßte sehen, was aus ihnen unter einer anderen Erziehung würde, um weiter zu erfahren und doch nie endgültig zu wissen, was sie sein können. Der Mut zur Erziehung beruht auf dem Vertrauen in schlummernde Möglichkeiten.

b) Kein Mensch kann von sich wissen, wer er ist und wozu er fähig ist. Er muß es versuchen. Nur der Ernst des Entschlusses, für den das Gewissen nur im einzelnen selbst spricht, und für den kein Urteil von außen die Verantwortung übernehmen darf, entscheidet über den zu versuchenden Weg. Was durch Arbeit und inneres Handeln aus mir werden kann, kann ich nicht vorher wissen. Fichte rät geradezu ab von der Selbstprüfung der Begabung. Wer in die Lage gekommen ist, zu studieren, soll sich betrachten als angehenden Gelehrten; denn man soll in jeder Lage tun, was in dieser Lage geschehen muß. Wer einmal in die Situation gestellt ist, geistig zu werden, der soll voraussetzen, daß er zum Besten berufen ist; d. h. daraus keinerlei Anspruch, aber Verpflichtung herleiten.

Alles in allem: Die Menschen sind nicht feststehende Artungen, die unveränderlich wie Tiere — sei es zu verwenden, sei es nicht zu brauchen — sind, sondern sie bleiben im Werden als je so Gewordene voll verborgener Möglichkeiten.

2. Die Verteilung der Begabungen und die Eigenschaften der Masse.

In aller Gesellschaft gibt es Unterschiede der materiellen Wohlfahrt, gibt es vor allem unvermeidlich den Unterschied der Über- und Untergeordneten. Das Ideal ist, daß die hervorragendsten Menschen auch die Führenden sind, daß die Hierarchie der gesellschaftlichen Ordnung zusammenfällt mit der Hierarchie der persönlichen Rang- und Begabungsunterschiede. Es ist das Ideal, das von Plato formuliert wurde, nach dem die staatlichen Verhältnisse erst besser werden würden, wenn die Philosophen Staatslenker oder die Staatslenker Philosophen würden.

Dieses Ideal ist nicht vollendet zu verwirklichen, weil alle Menschlichkeit im Fluß ist, und jede Verwirklichung, selbst wenn sie einen Moment gelänge, im nächsten Augenblick sich innerlich verwandeln würde zu den alten Unstimmigkeiten. Denn:

a) Die Anschauung, welche persönlichen Werte die höchsten seien, wechselt. Die verschiedenen Begabungen sind je nach der soziologischen, ökonomischen und technischen Weltlage verschieden gut zu brauchen.

b) Jeder Rang wird alsbald irgendwie fixiert. Ohne Dauer und Kontinuität geht es nicht. Ob die Menschen als Nachkommen (ererbter Rang) oder als Schüler sich ablösen, ist kein erheblicher Unterschied. Die Folgenden pflegen, nachdem einmal eine schöpferische Gruppe die Führung hatte, bloße Epigonen zu sein, Tradition zu haben und den ursprünglichen Geist zu verlieren.

Das Ideal, schon aus diesen Gründen stets auch im Verfall, ist angewiesen auf die beste Auslese für die führenden oder gehobenen Tätigkeiten aus der Gesamtheit der jeweils Lebenden. Die Unterschiede in der soziologischen Stellung der Menschen fordern jederzeit diese Auslese. Diese Auslese findet unmerklich statt oder wird bewußt gelenkt. Sie ist unumgänglich.

Die sie bewirkenden Kräfte sind mannigfach. Sie erreicht den
Sinn der gerechten Verteilung nur höchst beschränkt. Das
Ideal, daß jeder Mensch seiner Anlage entsprechend erhielte,
lernte, täte, was er seinem Wesen nach kann, ist selbst bei den
größten und glücklichsten Menschen nicht erreicht. Der
Mensch ist ein der Idee nach Unendliches, das jeweils in endliche Bedingungen eingespannt ist und nur in diesen, indem
es sie ergreift, Substanz gewinnt. Angesichts dieser Situation
kommt es für jeden Menschen darauf an, seine Einschränkungen
zu übernehmen und in ihnen frei zu werden. Die Einschränkung
besteht durch Vererbung und Anlage. Der Mensch lebt in der
Zeit und kann nicht alles zugleich, sein Leben ist begrenzt, er
muß sich beschränken, seine anlagemäßigen Werkzeuge legen
ihm Fesseln an, die er nicht abzuwerfen vermag — trotz
allem ist er sich seiner Freiheit bewußt. Die Einschränkung
besteht durch Herkunft und soziologische Bedingungen. Sie
geben den Anlagen verschieden günstige Chancen. Auch hier
läßt sich der geistige Mensch in aller Enge seine Freiheit nicht
völlig nehmen.

Solche Haltung gegenüber dem Zwang der mannigfachen
Chancen und Schranken ist die des einzelnen Menschen im
Kampf um seine Verwirklichung. Ganz anders verhalte ich
mich, wenn ich Tatsachen feststelle, um am Ende vielleicht
Maßnahmen zu finden, welche den Gang der Auslese zugunsten
der Besten sinnvoll lenken.

Tatsachen sind z. B. die soziologische Herkunft geistig her-
vorragender Menschen in bestimmten historischen Zeiten. Man
kann fragen: aus welchen Kreisen stammen die hervorragenden
Männer? Die berühmten Deutschen von 1700 bis 1860[1], deren
Darstellung in der allgemeinen deutschen Biographie zwei
Seiten oder mehr einnimmt, stammen zu 83,2 % aus den oberen
Ständen, zu 16,8 % aus den niederen (Handwerker, Bauern,
Proletarier). Von denen, die aus niederen Ständen kommen,
werden 32,7 % Künstler, 27,8 % Akademiker, 14,6 % Pfarrer,
die übrigen Berufe beteiligen sich nur mit kleinen Zahlen. In
jenen Jahrhunderten übertraf die Gesamtzahl der Menschen
der niederen Stände die der höheren gewaltig. Die deutsche

---

[1] Nach M a a s , Über die Herkunftsbedingungen der geistigen
Führer, Arch. f. Sozialwissenschaft, Bd. 41.

Kultur wurde von einer Schicht einiger Zehntausende von Menschen gegenüber den Millionen der übrigen getragen. Würde man meinen, die höheren Begabungen kämen von Natur den oberen Schichten zu, so wäre das ein offenbarer Irrtum. Man wird vielmehr schließen, daß bei den oberen Ständen die Bildungschancen, welche Voraussetzung höchster Leistungen sind, erheblich günstiger liegen als bei den niederen. Wenn man aber bei solchen Überlegungen voraussetzt, daß die Menschen der Anlage nach in allen Schichten gleich geboren würden, und der Unterschied nur auf einem Unterschied der Chancen beruhe, so wäre das voreilig. Wenn die biologischen Qualitäten durch die Art der Zuchtwahl bestimmt sind, so könnten auch anlagemäßige Unterschiede von soziologischen Schichten, die eine alte Herkunft haben, bestehen. Der Mensch wird seinem Wesen nach nicht einfach „geboren". Es ist nicht gleichgültig, woher einer kommt. Alles Sein des Menschen ist ein Ganzes aus geborenem Eigenwesen und Geschichte. Kinder aus Familien, die eine durch Generationen hindurch überlieferte Bildung pflegen, sind als Erwachsene ursprünglich anders als alle übrigen. Was in der Kindheit verloren war, ist niemals nachzuholen. Wer etwa in der Kindheit vom Adel des Griechentums berührt wurde, hat in seiner Seele sein Leben lang ein Schwingen, eine Leichtigkeit, einen Sinn für Rang und die Anschauung geistiger Höhe, die ohne das vielleicht nie hätten entstehen können. Selbst größten geistigen Schöpfungen hängt ein Wesenszug dessen an, was der Mensch als Kind erfuhr. F i c h t e hat unfehlbar etwas Plebejisches trotz des hohen Schwunges seines Genies, der seinerseits wieder durch einen Zug von Fanatisierung und Engstirnigkeit an das Subalterne streift. Der Wert der Tradition ist keineswegs allein maßgebend für die Auslese, steht nicht einmal an bevorzugter Stelle. Aber dieser Wert der Tradition für das Wesen des Einzelnen darf nicht ignoriert bleiben, wenn man wahrhaftig und gerecht sein will. Heute wurde ein unersetzliches kostbares Gut dieser Tradition gleichgültig vertan. Man konnte verführende Sätze hören wie: „Das Vergangene war Glanz und Verhängnis. Jetzt handelt es sich um etwas, das alle verstehen, an dem alle Anteil nehmen." Mag sein und gewiß auch richtig! Eine bestimmte Tradition kann nicht Bedingung sein, wo der Mensch aus traditionsloser Herkunft zu sich selbst zu bringen ist.

Aber er wird an die Tradition herangebracht werden müssen, wenn er sie auch als Erwachsener anders verarbeiten wird, wie als Kind. Was jedoch „alle verstehen" ist gewiß nicht das ursprüngliche Wissenwollen. — Wenn, was aus dem Menschen wird, zum Teil durch eine lange, hartnäckige Erziehung bedingt ist, durch Übung in Generationen, durch die Tradition einer Kulturfamilie, so ist das Wesentliche nicht etwa der Schulbesuch, den man durch Institutionen jedermann zugänglich machen kann, auch nicht die materiell glückliche Lage, daß der Mensch Gelegenheit zu allem möglichen hat und vielerlei nacheinander versuchen kann. Es ist vielmehr die Substanz einer gehaltvollen Strenge und Zucht. Nicht daß die Zugehörigkeit zu einer Familie als solche ein Wert sei, sondern sie wurde von solchen Menschen als Verpflichtung empfunden. Soziologische Gehobenheit garantiert dies durchaus nicht. In den gehobenen Schichten ist im letzten halben Jahrhundert der Materialismus des Vielerlei, die Sucht nach allem, ohne daß das Erstrebte Achtung einflößt, viel sichtbarer gewesen. Früher waren das protestantische Pfarrhaus, der Adel, das Patriziertum der Herkunftsbereich vieler hervorragender Menschen. Solche Erziehung läßt sich nicht „machen" und ausdenken.

Eine andere, allerdings schwer endgültig faßbare Tatsache ist die Eigenschaft des Durchschnitts oder der Masse. Die Auslese findet jederzeit aus einer Masse statt, auch eine soziologisch herrschende Schicht ist in ihrer Gesamtheit eine Masse. Die Urteile über die Eigenschaften der Masse sind seit Jahrtausenden in erstaunlicher Einmütigkeit sehr ungünstig. Was die Begabung angeht, so hält die Mehrzahl der Menschen sich selbst für etwas vorzüglich Beanlagtes, und nur in Schwierigkeiten dient zur Entschuldigung, man sei dazu nicht beanlagt. Ansprüche einerseits, Entschuldigung andererseits hat man bezüglich des Geistigen bei der Mehrzahl zu erwarten. Die meisten wollen über ihre Kräfte hinaus gelten und anerkannt sein. Sie wollen etwa die Welt von Grund aus neu machen, meinen in ihrem unkritischen Denken, die Welt könne als Ganzes gerecht, harmonisch, glücklich sein. Statt sich selbst mit strenger Zucht wachsen zu lassen, ihre Sache zu tun, fliehen sie vor sich selbst und der Aufgabe und gehorchen einer Vorstellung, die sie Idee nennen, in der Ungeistigkeit kritikloser Ansprüche. — Es gibt nicht nur eine Solidarität der Interessen einer Klasse, sondern

ein instinktives gemeinsames Interesse der durchschnittlich Be-
anlagten. Die Masse ist Feind des Überragenden; sofern sie
im Bewußtsein eigener Unfähigkeit einen Führer in den
Himmel hebt, um durch ihn alles zu nivellieren, wird sie ihn
ebenso leicht auch wieder verraten. Die Gleichheit soll für
die Instinkte des Durchschnitts auch die Geistigkeit und das
Können betreffen. Allerdings gibt es Menschen, die sich ihrer
Mängel bewußt werden und daraus Konsequenzen ziehen. Aber
das ist gerade ein Zeichen des höheren Niveaus. Wer die geistige
Triebkraft hat, kann durch schlechte Werkzeuge gehemmt werden, aber er darf, wenn sein Enthusiasmus nur echt ist und er
opfern will, ihm folgen.

3. Die auswählenden Kräfte.

Die Kräfte, die ohne jemandes Willen und Absicht die Aus-
lese bestimmen und dadurch über den Gang der menschlichen
Dinge tatsächlich entscheiden, sind schwer übersehbar. Einige
Beipiele:

Der „freie Wettkampf", in dem „der Tüchtigste sich durchsetzt", ist früher als die natürlichste und günstigste Form der
Auslese angenommen worden. Jedoch ist zu bedenken, daß
nach der Art des Erfolges, in bezug auf den der Wettkampf
stattfindet, jeweils besondere Begabungen entscheiden, und daß
Geistigkeit hier keine erheblichen Chancen hat. Wenn z. B.
schließlich Examina entscheiden, so wählen sich diejenigen
selbst aus und haben Erfolg, die die Bedingungen für ein um-
fangreiches Stoffwissen am ehesten erfüllen wollen und können.
Wir haben unter Menschen, die sich autodidaktisch neben ihrem
Berufe zum Abiturium vorbereiteten, dieses Examen bestanden, dann bis zum Doktor- und Staatsexamen kamen, auch
solche gesehen, welche seelenlos sich einpauken, nie die Atmosphäre des Geistes spüren trotz encyclopädischen Wissens —
Erfolgsmenschen, die sich selbst als Apparat benutzen.

Eine andere Weise indirekter Auslese geht von der herrschenden Weltanschauung eines Kreises aus, dem anzugehören vor-
teilhaft ist. Wer darin zur Geltung kommen möchte, gibt sich
unwillkürlich innerlich und äußerlich die erforderte Haltung
und Anschauungsart. Was man sein möchte, wird man bald
wirklich. Und diejenigen, welche der weltanschaulichen
Schätzung am meisten entsprechen, machen die beste Karriere.

Auch hier sind spezifische Begabungen (zum Drill, zur Will-fährigkeit, zur Forschheit, zur unentschiedenen Konzilianz je nach der Schicht, der man gefallen muß) entscheidend, nicht eine Geistigkeit.

In diesen beiden Weisen indirekter Auslese kommt zur Gel-tung die Anziehungskraft oder das Fehlen von Prämien auf geistige Leistungen. Solange Geistigkeit nicht mit einem Vor-teil verknüpft ist, solange z. B. auf wissenschaftliche Leistungen keine gesellschaftliche und ökonomische Prämie gesetzt ist, wenden sich nur diejenigen ihnen zu, welche den unbedingten Willen dahin haben. In dem Maße jedoch, als Bildung und Wissenschaft zugleich Privilegien mit sich bringen, drängt die Masse der Menschen zu ihnen. Da fast jeder Mensch das will, was äußere Vorteile bringt und Ansehen gibt, da die meisten insofern über ihre Kräfte hinauswollen, so werden durch die Prämien keineswegs die eigentlich geistigen Kräfte bevorzugt, sondern die Energien, die imstande sind, die Äußerlichkeiten geistiger Erscheinung erfolgreich zu zeigen. Es werden die Menschen bevorzugt, denen nichts an sich gilt, die nicht Muße und Kontemplation, sondern nur Arbeit und Amüsement kennen, denen alles nur Stufe und Trittbrett, und denen das letzte Motiv die soziale und ökonomische Prämie auf den Er-folg ist — ins Endlose.

Wenn man solche Auswahlmechanismen vergegenwärtigt, kann man wohl pessimistisch denken. Sieht man dagegen auf den Zufall der Geburt, so wächst die Dringlichkeit der Aufgabe, die rechten Menschen für das Studium zu gewinnen und aus-zulesen. Man macht dann leicht und schnell die Voraussetzung, die Auswahl solle nach Begabung geschehen, und diese müsse bei den Einzelnen objektiv festgestellt werden, so daß die Aus-lese direkt und willentlich, nicht indirekt und zufällig geschehe.

Jedenfalls nicht auswählbar und bestimmbar sind die großen Einzelnen. „So ist es ausgemacht, daß, wenn auch das gewöhnliche Talent meßbar sein mag, das ungewöhn-liche nur schwer gemessen werden kann, das Genie vollends gar nicht." (Grimm.) Es ist für die Großen, welche immer zunächst im Gegensatz zu Umwelt und Zeit existieren, wün-schenswert, daß die Institutionen nicht ganz durchgreifend werden, daß Lücken bleiben, daß noch ganz unberechenbare Lebensläufe möglich sind, daß Menschen noch auf eigene Gefahr Neues wagen können. Eine vollkommene Organisation und Auswahl aller Menschen, welche eine dauernd vorgeschriebene Arbeit für die betreffenden Ziele mit sich brächte, würde bald zur Erstarrung führen. Der Geist könnte nicht mehr existieren. Alles würde absolut und endgültig durch die Institutionen bestimmt.

Sehen wir von den großen Menschen ab, die die Härte des Daseins mehr als andere zu spüren haben, die überall um ihre Existenz kämpfen, da diese in keine vorgefundene Form paßt, von diesen Menschen, die „von je verlästert und verbrannt" waren, so bleibt doch die Frage der Auswahl als eine sinnvolle bestehen, sofern sie relative Erfolge haben kann und sofern sie soziologisch unvermeidlich ist.

Aber man darf nicht vergessen: jede Auswahl ist irgendwo ein Unrecht. Man denkt sich, wenn man willentlich eingreift, man wolle das Unrecht vermeiden. Indem man dies auf der einen Seite tut, führt man unvermeidlich neues Unrecht ein.

Angesichts der Unmöglichkeit einer reinen Lösung der Auslesefrage ist es notwendig, die Scheu und damit die Offenheit für menschliches Wesen zu behalten. Wer durch seine Entschlüsse und Urteile an der Auslese beteiligt ist, muß die ganze Verantwortung fühlen, daß er nicht zur Hemmung werde für die wenigen Besten und nicht zum Helfer des Durchschnittlichen und Untergeordneten, des Streberhaften und Anspruchsvollen, des Scheinhaften und Unechten.

Es gibt folgende Arten der bewußten Auslese:

1. durch Examina,
2. durch persönliche Auswahl seitens einer übergeordneten Persönlichkeit,
3. durch Wahl von unten seitens einer formal begrenzbaren Gruppe von Menschen.

1. Examina sind entweder Z u l a s s u n g s p r ü f u n g e n, die entscheiden, ob jemand für ein Studium qualifiziert ist, oder Schlußexamina, die dem Einzelnen nach erfolgter Ausbildung die Erreichung des Zieles bestätigen. Wenn es sich um eine Bevölkerungsmasse handelt, aus der nur eine kleine Anzahl ausgelesen werden soll zur Ermöglichung des Besuchs einer höheren Schule und der Universität, so hat für manche der Gedanke etwas Faszinierendes, daß man auf psychologisch-

experimentellem Wege die Besten objektiv feststellen könne. Die Begabung festzustellen, bevor die Erziehung einsetzt, im voraus zu sagen, was aus einem Menschen werden kann, das müßte von höchster Bedeutung sein. Jedoch was läßt sich so prüfen? Vortrefflich die Vorbedingungen der Intelligenz, innerhalb gewisser Grenzen auch die Intelligenz, nicht mehr; die Leistungsfähigkeiten und Werkzeuge, dagegen nicht Geist, nicht schöpferische Möglichkeiten, nicht Wille und Opferbereitschaft. Würde eine solche Auslesemaschine verwirklicht und würde dadurch entschieden, was aus einem Menschen werden soll, so wäre der äußerste Gegensatz zur Freiheit der eigenen Wahl — die im Geistigen immer erhalten bleiben muß — erreicht. Es wäre etwas erreicht, das ebenso zwangsläufig wäre wie die vererbten Begabungseigenschaften, aber unerträglicher, weil nicht vom geheimnisvollen Schicksal, sondern von Menschen, und wahrscheinlich meistens von nicht genügend legitimierten, abhängig. In Verbindung mit dem Urteil vertrauenerweckender Persönlichkeiten wird die Anwendung experimenteller Prüfungen nur dort mit zu Rate gezogen werden müssen, wo auf diesem Wege feststellbare Leistungsfähigkeiten für den Beruf wesentlich sind, zu dem die Auslese zu vollziehen ist.

Auslese durch Zulassung schon in den früheren Stadien der höheren Bildung, die jedenfalls heute noch nicht der gesamten Bevölkerung, sondern nur einer Minorität zuteil werden kann, ist unumgänglich. Wenn man freie Bahn für jeden Tüchtigen fordert, so heißt das, man solle die Tüchtigen aus der gesamten Bevölkerung, nicht aber nur aus einzelnen Schichten zu ihrem Recht kommen lassen. Es heißt zugleich, daß nicht durch schlechte Prüfungsinstitutionen, welche vielleicht ganz spezifische Begabungen voraussetzen, die Tüchtigen ausgeschaltet werden. Denn Institutionen, die Bedingungen schaffen, schaffen zugleich Hemmungen, und dies um so mehr, je weniger für jedermann faßlich der eigentlich geistige Wert ist. Es könnte sein, daß Prüfbarkeit nicht für jede Begabung besteht, daß es für alles Geistige eines Spielraums der subjektiven freien Beweglichkeit bedarf, und daß jede Art von Institutionen, je zwangsläufiger ihre Wirkung ist, desto mehr die Tendenz hat, das eigentlich Geistige auszuschalten.

Die S c h l u ß e x a m i n a haben wieder einen doppelten Sinn. Entweder sind sie bloße Bestätigung des Erwerbs der notwendigen Kenntnisse, die normalerweise nach Ablauf der üblichen Studienjahre gewonnen sind, wobei dann nur sehr wenige, ganz ungeeignete und faule endgültig durchfallen. Oder diese Examina bedeuten eine wirkliche Auslese, d. h. von vielen Zugelassenen fällt eine große Anzahl durch, und zwar endgültig, nur die Besten, eventuell eine vorher bestimmte Anzahl (numerus clausus) bestehen das Examen.

2. Von einer Persönlichkeit ausgehende Auslese kann schwer institutionell gemacht werden, weil nur wenige Menschen die zum Auswählen nötigen Qualitäten haben. Der Monarch, der seine Ratgeber wählt, der Lehrer, der seine nächsten Schüler wählt, der Kurator einer Universität, der berufsmäßig die hervorragendsten Persönlichkeiten zu entdecken hätte, wären Beispiele. Die persönliche Auswahl ist die sicherste und gerechteste, diejenige, welche die tiefstliegenden, nicht meßbar zu machenden Qualitäten trifft — wenn der seltene Fall einer Persönlichkeit da ist, die diese eigentümliche, innerlich dienende Haltung hat, ohne eigenen Anspruch dem objektiven Sinn für Niveau und Geistigkeit und für die vielen besonderen Fähigkeiten in sich restlose Auswirkung zu geben. Jedoch fast immer wird dieser persönliche Faktor, der an sich der objektivste wäre, durch fremde Motive verdrängt. Wenn die persönliche Beurteilung von seiten Einzelner institutionell zu einer Sache vieler Amtsinhaber gemacht wird, so ist die Tendenz, daß die Auswahl die Mittelmäßigkeit trifft. Es sind immer nur begnadete Einzelne gewesen, die einen sicheren Blick für die Substantialität des Menschen hatten und daher wirklich auswählen konnten. Der Professor neigt dazu, seine Schüler und Kreaturen zu bevorzugen, ihm selbst Überlegene, Geistigere instinktiv nicht zur Geltung kommen zu lassen. Wenn andere, seltenere Professoren sich dann diese Gefahren klar machen, selbst aber auswählen müssen, so neigen sie wohl dazu, in umgekehrter Unsachlichkeit sich selbst zu bekämpfen, ihre Verehrungen und Sympathien geradezu als Gegenmotive wirken zu lassen, diejenigen zu wählen, die sie eigentlich nicht wollen, so daß die Auswahl wiederum ganz schlecht, ja unbegreiflich wird. Schließlich — und das ist wohl heute das häufigste — wirken als Motive zur Auswahl Bedürfnisfragen. Die Menschen werden im Grunde genommen nur als Mittel angesehen. Jedes persönlich geformte Interesse, das die unvermeidliche Gestalt des

geistigen Lebens ist, wird als unsachlich zur Seite geschoben, nicht zugunsten einer höheren Sache, sondern zugunsten handgreiflicher äußerlich faßlicher Merkmale der Eignung für die Erfüllung eines Bedürfnisses.

Es ist gelegentlich ein Glücksfall, wenn, etwa in einer Klinik, der Chef in Wechselwirkung mit Oberarzt und Ärzten, die sein Vertrauen gewonnen haben, eine undefinierbare Kunst der Menschenwahl unmerklich verwirklicht. Dann kann ein Geist des Hauses entstehen. Stillschweigend verschwinden die Taktlosen und Ungeeigneten, dem Eigenen wird Spielraum gegeben. Es herrscht eine Stimmung des Anstandes und der Verläßlichkeit. Glück und die Autorität eines Einzelnen vermögen so etwas zu schaffen als den Raum geistig herrschender Bewegungen. Viel eher gelingt es, den Geist einer Klinik zu schaffen als den einer ganzen Universität, eher den Geist eines Seminars als den einer Fakultät.

Wer in die Lage kommt, persönlich eine Wahl treffen zu müssen, darf sich sagen: es sind in erster Linie vorliegende Leistungen in innerer Vergegenwärtigung nach ihrem Gehalt zu erspüren. Dann ist die Erfahrung in der Kommunikation wesentlich, die Diskussionsweise. Beide Erfahrungen gelingen leicht bei solidarischer Geistesartung, aber sie·werden schwer und verlieren den zwingenden Charakter bei fremden, noch nicht verstandenen geistigen Impulsen. Der Kontakt in der Sache, die Beschwingtheit in gemeinsamer Idee bleibt aus, aber vielleicht ist doch durch Vernunft von ferne zu hören, daß dort etwas Wesentliches ist. Jedenfalls hat der Wählende sich aufzuschließen und nicht sich bequem auf das Verwandte zu beschränken. Dabei ist die physiognomische Anschauung bis zur graphologischen Erhellung nächst der Objektivität der geistigen Leistung nicht zu vernachlässigen.

3. Eine dritte Möglichkeit der Auswahl wäre die Wahl durch Majorität durch eine Gruppe, die ihren Lehrer wählt, oder die sich durch neue Glieder ergänzt. Diese Form ist wiederum unvermeidlich für Korporationen. Das Wählen der eigenen Lehrer aber (z. B. Wahl der Professoren durch Abstimmung seitens der Studenten) ist nicht notwendig. Eigentlich kann nichts Gutes dabei herauskommen, wenn jemand den wählt, der etwa im Examen über ihn zu Gericht sitzen wird. Man wird neigen, so zu wählen, daß man möglichst gelinde durchkommt. Dann

werden Schüler immer solche Qualitäten auswählen, die ihnen
in die Augen stechen: erotische Eigenschaften, die unbewußt
wahrgenommen sind, Fähigkeiten didaktisch-organisatorischer
Art, Demagogeneigenschaften. Die Majorität entscheidet nach
Qualitäten der „Blender". Wohl hat gute Jugend den unbestechlichen Sinn dafür, ob der Lehrer etwas kann, ob er souverän
ist, ob man bei ihm etwas lernen könne, ja auch gerade für den
geistigen Rang. Sie hat den Instinkt für das Echte. Aber diese
Jugend wird bei Wahlen nur selten die Majorität besitzen.

Diese drei Auslesetechniken — Examina, persönliche Wahl,
Wahl durch Majoritäten — haben also alle ihre Mängel. Sie
sind ebenso unvermeidlich wie unzuverlässig. Man wird sie
ihrer absoluten Endgültigkeit berauben müssen und immer wieder Raum lassen für neue Chancen. Aber man wird nicht darum
herumkommen, in den Examinas etwas für den Erwerb oder
Nichterwerb von Berechtigungen Endgültiges anerkennen zu
müssen. Für den Sinn der Universität kommt es nur darauf
an, dabei die Chance für die geistig aktiven Menschen zu steigern. Das kann nur indirekt geschehen durch die Art der Examina. Es kann nicht genug Sorgfalt auf die immer sinnvollere
und bessere Gestaltung der Examina verwendet werden. Dadurch sollen die institutionell geschaffenen Situationen für die
Auslese unmerklich zur Wirksamkeit kommen:

Der Gang durch eine lange Reihe von Examinas, in der Schritt
für Schritt das Ziel erreicht wird, hilft dem Durchschnitt der
Unselbständigen. Examinas als Abschluß eines langen freien
Studiums sind Sache der geistig Ursprünglichen. Die Universität fördert diese, indem sie den Anspruch an ihre Studenten
erhebt, sie sollen selbständige Jünglinge und Männer sein, sich
selber führen können. Sie sind reif und brauchen keinen Meister,
weil sie sich selbst in die Hand genommen haben. Sie hören
Lehren, Gesichtspunkte, Orientierungen, Tatsachen, Ratschläge,
um selber zu prüfen und zu entscheiden. Wer einen Führer
sucht, geht zu Unrecht in die Welt der Universitätsidee. Die
eigentlichen Studenten haben Initiative, sie vermögen sich selbst
Aufgaben zu stellen. Sie können geistig arbeiten und wissen,
was Arbeit heißt. Sie sind Einzelne, die in Kommunikation
wachsen. Sie sind nicht das Volk, nicht der Durchschnitt, nicht
eine Masse, sondern zahlreiche Einzelne, die es auf sich hin
wagen. Es ist dies zugleich Wirklichkeit und notwendige

Fiktion. Es ist der unerreichbare Maßstab und doch der Aufschwung, in dem ein jeder sich zum Höchsten berufen fühlen darf.

Am Ende steht das Examen. Die Gestaltung dieses Examens ist von der größten Bedeutung. Es soll im Grunde feststellen, was schon geschehen ist: die Auslese, die der Studierende selber an sich durch den Gebrauch seiner Freiheit vollzogen hat. Die Universität wäre nicht mehr Hochschule, wenn eine durch Berechtigungen ausgewählte Anzahl von Studierenden schulmäßig kontrolliert bis zum Ende des Studiums den sicheren Weg hätte. Vielmehr ist das Wesen der Hochschule, daß die Auswahl im Gang des Studiums durch den je Einzelnen erfolgen muß unter der· Gefahr, am Ende nichts gelernt zu haben und nichts zu können. Diese Auswahl durch die geistige und institutionelle Situation zu gestalten, ist das ernsteste und am Ende nicht rein lösbare Problem.

Das Greifbarste ist die Gestaltung der Prüfungen. Diese müssen gegenüber dem bisher Üblichen sowohl vereinfacht als auch erweitert werden: vereinfacht durch Stoffbeschränkung und Verminderung ihrer Zahl, erweitert durch Erfassen der gesamten geistigen Energien, des Urteils und Könnens der Persönlichkeit.

Auf jedem Gebiet muß die Prüfung zugleich dem Beruf angemessen sein, für den sie stattfindet. Bisher sind die Prüfungen der Juristen vielleicht die besten, die der Mediziner die fragwürdigsten. Damit steht im Zusammenhang, daß bei den medizinischen Prüfungen auf die Dauer niemand durchfällt, die Gefahr also eigentlich ausgeschlossen, damit die Auslese aufgehoben ist.

Die Prüfungen brauchen als wesentlichen Unterbau anschauliche Zeugnisse über Leistungen und Verhalten in Seminaren und anderer Gemeinschaftsarbeit. Bloße Fleißzeugnisse und Noten sind gleichgültig; es muß sichtbar sein, worin die Leistung bestand. Gute Arbeiten sind mit einzureichen.

In den Prüfungen ist außer den Kenntnissen vor allem das Verhalten und die Leistung bei Lösung von Aufgaben zu beobachten, die Weise methodischen Operierens, das Sehenkönnen, die Fähigkeit der zur jeweiligen Sache gehörenden Art des Sprechens und Schreibens.

Die Anforderungen können sich wandeln nach der Zahl der Bewerber und der der jeweils notwendigen Berufsanwärter. Bei hohen Leistungen vieler wird die Auslese ein höheres Niveau treffen. Immer muß es ein Wagnis bleiben derer, die diesen Lebensweg gehen, daß sie die Prüfung am Ende nicht bestehen.

Die Prüfungen sind stofflich in weitem Spielraum von der Wahl des Prüflings abhängig. Die Fiktion enzyklopädischer Kenntnisse ist preiszugeben. Es ist dafür zu sorgen, daß nicht gegen die Freiheit des Studierens doch unmerklich eine Schematik prüfender Dozenten Herr wird, so daß der Prüfling an Kolleghefte, Teilnahme an Übungen seiner Examinatoren gebunden wird.

Es ist eine bewußte Prüfungstechnik für Hochschulzwecke zu entwickeln in fortdauernder gegenseitiger Mitteilung von Erfahrungen und Gesichtspunkten. Wenn auch hier das Wichtigste die Kunst des Examinators ist, so ist doch bewußte Entfaltung möglich. Psychologie und Philosophie der geistigen Arbeit müssen das Wesen der für die geistigen Berufe geborenen und erzogenen Persönlichkeiten ständig vor Augen halten.

Schließlich: Prüfungen, Zeugnisse müssen so selten wie möglich sein. Sie zu häufen, macht ihre Handhabung verantwortungslos. Wenn sie wenige sind, können sie mit vollem Ernst und Gründlichkeit vollzogen werden. Der Leerlauf von Prüfungen und Zeugnissen bei quantitativ übermäßigen Anforderungen ist ergebnislos, weil diese Prüfungen keine wirkliche Auslese mehr vollziehen helfen. Sie belasten trotz Leerlaufs die Kräfte der Forscher unverhältnismäßig stark und senken damit das Niveau geistigen Lebens.

Neuntes Kapitel.
Staat und Gesellschaft.

Die Universität besteht durch den Staat. Ihr Dasein ist politisch abhängig. Sie kann nur leben, wo und wie der Staat es will. Der Staat ermöglicht die Universität und schützt sie.

1. Der staatsfreie Raum.

Die Universität verdankt ihre Wirklichkeit einer politischen Welt, in der der Grundwille herrscht, daß in ihr irgendwo eine reine, unabhängige, unbeeinflußte Wahrheitsforschung stattfinde. Der Staat will die Universität, weil er sein eigenes Dasein gefördert weiß, wenn in ihm der reinen Wahrheit irgendwo auch rein gedient wird. Dagegen würde ein Staat, der keine Selbsteinschränkung seiner eigenen Macht zuläßt, der vielmehr Angst hat vor den Folgen der reinen Wahrheitsforschung für seine Macht, niemals eine echte Universität zulassen.

Der Staat duldet und schützt die Universität als einen aus seiner Machtwirkung ausgesparten Raum, den er gegen andere Machteinwirkungen sichert. Hier soll das hellste Bewußtsein der Zeit wirklich werden. Hier sollen Menschen leben, die keine Verantwortung haben für das gegenwärtige Tun der Tagespolitik, weil sie allein und uneingeschränkt die Verantwortung für das Werden der Wahrheit haben. Es ist ein Raum außerhalb der Welt des Handelns, aber durchdrungen von den Realitäten dieser Welt, die in ihm zum Gegenstand der Forschung werden. Hier ist Wirklichkeitsnähe nicht durch Handeln, sondern durch Erkennen. Wertung und Handeln sind suspendiert zugunsten der Reinheit der Wahrheitsidee.

Der Sinn eines Lebens im Raum außerhalb des Handelns ist nur wirklich, wenn dieses Leben von der Leidenschaft des Erkennens getragen wird. Dann ist es ein inneres Handeln, in Höhepunkten von vollendeter Disziplin des selbstbeherrschten Menschen. Aber die Erlaubnis zu diesem Leben verführt zu Abgleitungen, die jederzeit stattfinden und die Atmosphäre des geistigen Tuns trüben. Die Suspension der aktuellen Wertungen führt zur Gleichgültigkeit des Neutralen. Statt suspendiertem Handeln herrscht Bequemlichkeit. Die Vorsicht des Geistigen wird zur Angst des Ruhebedürftigen.

2. Die Verwandlung der Universität mit Staat und Gesellschaft.

Der Staat gibt die Rechte und die Mittel für das Universitätsleben einmal zu Forschungszwecken, damit ein für alle stellvertretendes, kontemplatives Erkennen stattfinde, dann aber, damit Berufe der Gesellschaft hier ihre geistige Nahrung, ihre Bildung und Erziehung und die wissenschaftlichen Erkenntnisse finden, die sie praktisch brauchen. So dient die Universität jederzeit dem Staat und der Gesellschaft. Daher wandelt sich ihre Erscheinung mit den Wandlungen der Gesellschaft und der Berufe.

Im Mittelalter mußten die Kleriker ausgebildet werden, später die Staatsbeamten, die Ärzte und Lehrer. Die technische Rationalisierung seit dem 17. Jahrhundert verlangte spezialistische Fachausbildung mit dem Ziel des Erwerbes eines nützlichen Könnens und einer Routine, während früher Gotteserkenntnis, Theologie und Philosophie alles beherrschten. Das aus soziologischen Gründen unausweichliche Frauenstudium gab zuletzt der Universität eine neue Farbe. Die Zahl der zum Universitätsstudium drängenden Berufe wuchs im letzten halben Jahrhundert ständig. Die Frequenz der Studierenden, vom Willen aller Beteiligten unabhängig, ist von Bedeutung für die innere Haltung der Glieder der Universität und die den Geist bestimmende Kommunikation zwischen Schüler und Lehrer. Unmerklich hat sich die Gestalt der Universität im 19. Jahrhundert bis zum ersten Weltkrieg und noch stärker nach ihm gewandelt allein durch Vervielfachung der Frequenz. Mit der Massenwirkung nahm der Verschulungsprozeß zu.

Die Gesellschaft wirkt auf den Geist der Universitäten auch direkt und willkürlich durch die staatliche Verwaltung. Die Abhängigkeit der Universität gegenüber dem Staat hat in der Geschichte sehr gewechselt. Nur in Höhepunkten des Staats- und Universitätslebens kann uneingeschränkt H u m b o l d t s Wort gelten: „Der Staat muß sich immer bewußt bleiben, daß die Sache an sich ohne ihn viel besser gehen würde." Im Mittelalter bestanden die Universitäten als durch Stiftungen begründete, durch Papst oder Kaiser autorisierte Korporationen, manchmal von europäischer Geltung. Dann sanken sie in die Enge des Territorialstaats, der seine Landeskinder hier zu gesinnungstüchtigen Beamten prägte. Erst mit dem 18. Jahrhundert gewann die Universität wieder als nationale einen weiteren Horizont. Die Professoren und Studenten kamen nun aus dem gesamten deutschen Sprachgebiet, wenn auch die Verwaltung in den Händen der Einzelstaaten blieb. Dem Staat gegenüber, dem die Universitäten zu Dank verpflichtet sind, haben sie doch zugleich ihre Unabhängigkeit zu erkämpfen. Lehrfreiheit ist erst in der zweiten Hälfte des 19. Jahrhunderts wirklich errungen worden, hatte jedoch noch insofern eine Grenze, als gewisse politische und weltanschauliche Gesinnungen zum Ausschluß aus der Dozentenkarriere führten, und wird wieder in Frage gestellt, wenn paritätische Vertretung von Weltanschauungen an der Universität gefordert wird, während die Idee nur Erkenntnisleistungen — auf welchem weltanschaulichen Boden auch immer — berücksichtigt. Bevorzugung gewisser Gesinnungen bei staatlichen Eingriffen ist die Gefahr bei jeder Staatsverfassung, sie wirkte sich im monarchischen Deutschland aus und noch im parlamentarischen — aber hier wenig und nur in Grenzfällen. Sie geht bei jeder diktatorischen, radikalen Regierung bis zur Gewaltsamkeit.

Unter den gesellschaftlichen und staatlichen Einwirkungen wird die Universität umgeformt. Hinter der Mannigfaltigkeit der Gestalten steht aber als ewige Idee die eigentliche Geistigkeit, die hier Verwirklichung finden soll. Diese Substanz ist immer in Gefahr, verlorenzugehen. Der Kampf zwischen dem philosophischen Geiste der Wissenschaft und den wechselnden Anforderungen der Gesellschaft führt einmal zu Konkretisierungen der Idee von geschichtlicher Einmaligkeit, dann wieder zum Unterliegen des Geistes. Daher wechseln in der Entwicklung der Universität Zeiten der Öde und Zeiten des Blühens. Die Universität verliert sich in der Befriedigung der an sie herantretenden Forderungen, so in der Verschulung, mit der sie dem Willen der Durchschnittsmasse entgegenkommt. — Wechselnd ist auch die Geltung, die die Universität in der Gesellschaft hat. Einen Einfluß hatten die deutschen Universitäten auf den Geist der Nation in der ersten Hälfte und noch in der Mitte des 19. Jahrhunderts. Ihre Leistungen nicht nur imponierten, sondern auch die geistige Haltung mancher Professoren, aus der ihre Wissenschaft und ihr Leben kamen, und in der die Nation sich selbst erkannte. Von der moralischen Tat der Göttinger Sieben, die ihre Existenz für Wahrhaftigkeit und Eidtreue opferten, fiel ein Glanz auf alle Universitätsprofessoren. Die an der Universität geschaffene Philosophie von K a n t bis H e g e l prägte eine Zeitlang die gesamte Bildung und gab den akademischen Berufen überall Schwung. Arzt und Lehrer, Beamter und Pfarrer waren sich des Sinns ihres Tuns gewiß und sahen ihr Leben in einer umfassenden Weltanschauung. Die Geltung der Universitäten hat seitdem gewaltig abgenommen, zum Teil, weil überhaupt alle Geltungen geistiger Herkunft schwanden, zum Teil, weil sie selbst die hohe Geistigkeit nicht mehr zeigten, und weil sie trotz zahlreicher fachwissenschaftlicher Entdeckungen doch in der Weltanschauung nicht mehr führend, nicht mehr Ausdruck der Bewegungen der Zeit waren, und schließlich auch, weil sie dem Staat sich so sehr ergeben hatten, daß eine weithin sichtbare sittliche Haltung unter den Professoren verloren war. Denn für die verehrungswürdigen Männer einsamen, unbestechlichen Wahrheitsforschens hatte die Menge kein Interesse.

3. Der Sinn der staatlichen Verwaltung.

Die Universität ist eine sich selbst verwaltende Korporation — eine Körperschaft öffentlichen Rechtes —, aber sie untersteht zugleich dem Willen des Staats, durch den sie und in dessen Schutz sie ihr Dasein hat. Dadurch hat sie ein rechtliches Doppelantlitz. Statt einer eindeutigen Lösung besteht eine Spannung. Es ist unmöglich, daß die Universität schlechthin selbständig, ein Staat im Staate, wird. Es ist jedoch möglich, daß die Universität zur Staatsanstalt herabgedrückt und damit ihres Wesens und ihres Eigenlebens beraubt wird.

In der Tat ist fast jederzeit eine Spannung, oft ein Kampf zwischen Staat und Universität. In diesem Kampf hat der Staat ohne weiteres die Übermacht. Die Universität ist auf ihn angewiesen. Er kann sie vernichten. Der Kampf kann daher immer nur ein geistiger sein. Die Initiative muß in dem durch die Universität zur Erscheinung kommenden Geiste liegen. Von ihm aus muß dem Staat klar werden, was der Staat eigentlich will. Mit List Politik zu treiben, ist der Universität nicht nur ungemäß, sondern verderblich. Sie muß offen zeigen, was sie ist und will. Ihre Sache kann allein durch Wahrheit ohne alle Macht erzwingen, daß der Staat ihr folgt. Statt des Kampfes geht dieser geistige Kampf vielmehr auf Kooperation von Staat und Universität.

Voraussetzung dieser Kooperation ist, daß der Staat die Verwirklichung der Universitätsidee will. Will er sie nicht, so wird nur im Verborgenen und ohne öffentliche Aktivität die Bereitschaft sich durchhalten können, sie wiederherzustellen, sobald nach einem Umsturz ein neuer Staat den besseren Willen hat. Oder bei längerer Dauer des negativen Staatswillens ist die Universität verloren.

8 Jaspers, Idee der Universität.

Für den Fall der Zusammenarbeit von Staat und Universität aber kann man den Sinn der staatlichen Verwaltung nach einigen Seiten konkreter zeigen.

Zunächst wird der Staat die Selbstverwaltung der Universität, die er will, auch rechtlich durch Formen anerkennen, die ihm die Universität anbietet und die er billigt. Die Korporation der Universität soll sich selbständig wissen. Der Professor ist nicht in erster Linie Beamter, sondern Korporationsmitglied. Ein Beamter ist Werkzeug zur Ausführung der politischen Entschlüsse der entscheidenden Stelle; er hat Gehorsamspflicht; oder er ist als Richter gebunden an die Gesetze, die er nur anzuwenden hat; sein Ethos ist verläßliche Ausführung ihm vorgegebener Weisungen. Dem Professor aber ist seine wesentliche Arbeit freigestellt; er ist verpflichtet zu eigenverantwortlicher Forschungstätigkeit, für die er bis hin zur Fragestellung alles eigenständig, ohne Einreden anderer, tut. Nur eine sachliche Notwendigkeit entscheidet, die niemand von außen vorher wissen oder unmittelbar nach einer Leistung schon objektiv nachprüfen und sogleich für immer beurteilen kann. Der Professor soll sich als Forscher und Lehrer auch in erster Linie nie als Korporationsmitglied, nicht als Beamter fühlen. Er legt bei Amtsantritt nicht nur den Beamteneid, sondern ein kollegiales Solidaritätsgelöbnis ab. Er hat Schweigepflicht über die Vorgänge innerhalb der Korporation auch dem Staat gegenüber, dem auf dessen Fragen zwar restlose Offenheit, aber nur auf dem Wege über die Gesamtkorporation, zuteil wird. Jedes geheime Verhandeln einzelner mit dem Staate in Universitätsangelegenheiten ist ehrlos, das Beeinflussen der Entscheidungen durch persönliche Beziehung zum Staatsbeamten ist intrigant. Beides verstößt gegen das Solidaritätsgelübde. Der vornehme staatliche Verwaltungsbeamte verschmäht solche Wege. Auch versagt er sich etwa das Recht zur Teilnahme an einer Fakultätssitzung oder Senatssitzung. Das Disziplinarverfahren gegen Professoren sollte nicht wie ein Verfahren gegen einen Beamten seitens des Staats, sondern gegen ein auszuschließendes Mitglied seitens der Korporation stattfinden. Habilitationen vollzieht die Korporation als Akte der Kooptation in ihren Körper, Berufungen geschehen auf ihre Vorschläge, an diese gebunden, durch den Staat. Promotionen sind ihr eigenes Recht.

Dieser Selbständigkeit der Korporation gegenüber verhält sich aber die staatliche Verwaltung durch eine ihrem Sinne nach allgegenwärtige Aufsicht. Diese Aufsicht wird von der Korporation anerkannt. Sie lehnt den Staat, von dem sie restlos abhängig ist, weder als notwendiges Übel im geheimen ab, noch gibt sie sich jedem Staatswillen einfach gehorsam hin. Sie hat Vertrauen zur Staatsaufsicht, sofern sie klar hervorbringt, was wahr ist. Ohne dies Vertrauen ist Unheil im Werden. Die Aufsicht dient dem eigenen Wohl der Universität, wenn diese in Handlungen ihre Idee verläßt. Die Aufsicht wird ihr, wenn diese etwas der Universität Ungemäßes will, zum Anlaß zur klaren Begründung und Darstellung der geistigen Notwendigkeiten. Denn der Staat will ja selbst die Idee, kann aber nur wissen, was er will, wenn die Universität es ihm zeigt, und diese weiß sich selbst nur, wenn sie sich zu geistiger Objektivität verwirklicht.

Die Aufsicht hat ihre Macht dadurch, daß jede Bewilligung materieller Mittel dem Staat zusteht, ferner durch die Entscheidung bei den Berufungen, durch Bewilligung der Errichtung von Lehrstühlen oder durch die Forderung, frei gewordene Lehrstühle etwa eingehen zu lassen, durch die Bestätigung von Habilitationen, durch Genehmigung der Verfassungs- und Verwaltungsstatuten. Diese Macht nicht aus Willkür zu brauchen, sondern in letzter Führung durch die Idee der Universität, das vermag der Staatsbeamte nur, wenn er selber von der Idee, sie verstehend, ergriffen ist und sich in jedem konkreten Fall vor ihrer Wirklichkeit sieht, die in den Darstellungen der Universität sich ihm geistig aufzwingt. Der Staat ist je durch Beamte vertreten, auf deren Persönlichkeit alles ankommt. Es sind Minister oder Hochschulreferenten. In glücklichem Falle ist es eine durch längere Zeit hindurch entscheidende Persönlichkeit.

Verwaltung der Universitäten ist ein hoher Beruf. Wenn ich mir die Berufsidee eines Mannes, dem Universitäten anvertraut sind, zu vergegenwärtigen suche, so sehe ich als entscheidend seinen Sinn für geistigen Rang, die Gesinnung der Pflege der geistig schaffenden Menschen wie kostbarer Pflanzen. Bei seiner Einstellung innerer Unterordnung unter die geistige Lebendigkeit, die nicht zu machen, nur zu finden und zu pflegen ist, muß seine Bereitschaft bestehen, bei Wirksamkeit unsachlicher Mo-

tive jedem auch entgegentreten zu können. Die große Macht
des Verwaltungsbeamten darf, wo es sich um die Pflege des
Geistes handelt, der immer an Charakter und Existenz der Persönlichkeiten geknüpft ist, nur so gebraucht werden, daß der
sittliche Charakter der Professoren niemals verführt wird. Das
„System Althoff", das in der Schaffung von Instituten und
anderen materiellen Dingen den äußeren Glanz der Universitäten gewaltig hob, hat für immer dieses Odium auf sich ge-
laden, das System der Korruption der Professorencharaktere
gewesen zu sein. Wenn man mit Menschenverachtung an die
Professoren herankommt, sie unwürdig behandelt, sie in Lagen
bringt, in denen ihnen ein verwerfliches Verhalten nahegelegt
wird, wenn man Methoden der Politik in die Pflege der geistigen
Welt trägt, so wird man die Menschen in der Richtung umfor-
men, die den gehegten Erwartungen entspricht. Bloßer Sinn
für äußerliche, augenblicklich sichtbare Erfolge, Machtbewußt-
sein und die Eitelkeit, in der Macht anerkannt zu werden,
Verlangen von Dankbarkeit — das sind die eigentlichen Fehler
beim Verwaltenden; Schmeichelei, Bereitwilligkeit, sich das
Rückgrat in der Jugend brechen zu lassen, um voranzukommen,
sind die Fehler bei den Professoren. Der Idee nach wendet sich
bei Offenheit in der Behandlung der Sachen der sittliche Charakter des Verwaltungsbeamten unter Voraussetzung hohen
Niveaus an den sittlichen Charakter im Professor und umgekehrt. Daß Enttäuschungen häufig sind, ist nicht zu vermeiden.
Aber der Geist einer Verwaltung wird durch die Erwartungen
und Ziele bestimmt, nicht durch die Fälle von Enttäuschung.

Der Geist einer Persönlichkeit, die die Universität verwaltet,
ist dem Sinne nach ein anderer als der der Professoren. Diese
unpersönliche Sachlichkeit der gegenwärtigen Wirklichkeit
gegenüber, verbunden mit dem Respekt vor jeder menschlichen
Persönlichkeit, diese uneitle Befriedigung an der Blüte einer
Welt, an der man nicht selbst teil hat, die man nicht selbst
schafft, aber pflegt — und die von dieser Pflege abhängig ist —,
diese scheue Prüfung geistigen Lebens, für das jeweils nach
bestem Wissen Entscheidungen materieller Art getroffen werden müssen; all dieses verlangt eine hohe Souveränität. Professoren selbst können im allgemeinen nicht leisten, was hier
verlangt wird. Sie sind in bestimmter Aufgabe tätig, leicht

Partei, selbst geistige Substanzen besonderer Art und interessiert, darum als Verwalter nicht souverän. Es gibt natürlich
Ausnahmen. Da aber die Aufgaben und zu fordernden Begabungen des Verwaltungsbeamten und des Professors ganz
andere sind, so wird man im allgemeinen die Welt der Professoren nicht durch frühere Professoren verwalten lassen;
juristisch vorgebildete Menschen, die zum Verwalten geboren
sind und ihr Leben ursprünglich diesem Beruf gewidmet haben,
wird man vorziehen. Wenn daher je aus Professorenkreisen
der Wunsch auftauchen sollte, in der vorgesetzten Behörde
wieder nur Professoren zu haben, so würde diesem Wunsche
entschieden widersprochen werden müssen. Lebt der Verwaltungsbeamte am Ort der Universität, die er betreut, so wird
es ein zweckmäßiger Usus sein, daß er niemals Vorlesungen
halten darf. Er ist in eine andere Existenzsphäre gerückt.

Der Sinn der staatlichen Verwaltung als Staatsaufsicht
gegenüber einer sich selbst verwaltenden Korporation ist es,
die Entartungsmöglichkeiten, denen eine völlig selbständige
Universität ausgesetzt ist, nicht zur Auswirkung kommen zu
lassen. Korporationen neigen dazu, sich aus persönlichen Interessen und Furcht vor dem Überragenden zu verwandeln in
Cliquen monopolistischer Sicherung ihrer Durchschnittlichkeit.
Bei Habilitationen und Berufungen sinken sie dann langsam,
zunächst fast unmerklich, auf tieferes Niveau. Statt sich in
diesen Kooptationen hinaufzuentwickeln, entgleiten sie ins
Minderwertige. Vom Staate her kann der Verwaltungsbeamte,
unterrichtet durch mannigfache Informationen, die Kräfte, die
wirklich die besten sind, finden.

Gefährlich für die Universität wird die staatliche Verwaltung dann, wenn Staatsinteressen unmittelbar in das Universitätsleben eingreifen. Die Universitätsidee fordert, daß der
Staat nichts verlangt, was sich unmittelbar auf ihn bezieht,
sondern nur, was der Idee und damit indirekt dem Staat durch
die Erziehung der Träger der Berufe dient. Daher ist es verhängnisvoll, wenn der Staat fordert, was auf politische Propaganda für seine Zwecke hinausgeht. Niemals kann der
Staat, ohne gegen den Sinn der Idee zu verstoßen, in den Inhalt
der Lehre eingreifen. Es ist gefährlich für die Universität,
aber unerläßlich, wenn der Staat politische Handlungen und

auch Worte unmittelbar politischer Relevanz bei Mitgliedern der Universität bekämpft und ahndet.

Weil der Staat seine Beamten, Ärzte, Pfarrer, Ingenieure, Chemiker usw. braucht, hat er ein Interesse an ihrer besten Ausbildung. Diese ist aber an der Universität zu entwerfen, vom Staat nur zu kontrollieren. Die Staatsexamina sind das Instrument, das entscheidend von der Universität selber ausgebildet und ausgeübt wird, solange die Universitätsidee herrscht. Auch hier kann die staatliche Verwaltung nicht in den wissenschaftlichen Inhalt eingreifen, außer im Sinne der Förderung durch Aufsicht in der Richtung des von der Universitätsidee selbst Geforderten.

4. Das geistesaristokratische Prinzip.

Der Amerikaner A b r a h a m F l e x n e r schrieb 1930 (Die Universitäten, deutsche Übers. 1932, S. 241): „Die Demokratie ist keine geistige Möglichkeit, abgesehen von der Tatsache, daß jedes Individuum auf Grund seiner Fähigkeiten die Möglichkeit haben sollte, in die Geistesaristokratie aufgenommen zu werden, ohne irgendwelche anderen Rücksichten. Dieser Einstellung, daß die Universität im demokratischen Sinne zugänglich sein muß, wurde Deutschland (nach 1918) näher gebracht. Wird man ausreichende Maßnahmen finden, um die Mittelmäßigen und die Untauglichen auszuschließen? Es wäre nicht nur für Deutschland, sondern auch für die ganze übrige Welt ein trauriger Tag, wenn die deutsche soziale und politische Demokratie eines Tages keinen Platz mehr für eine Geistesaristokratie haben würde."

Es sind zwei Probleme: erstens das geistesaristokratische Prinzip, das innerhalb der Universität zu Abstufungen führt, zweitens die Duldung und Förderung einer Minorität durch das im Staatswillen wirksame Volk. Dieses letztere betonte F l e x n e r. Es handelt sich um eine politische Frage.

Geistige Aristokratie ist nicht eine soziologische Aristokratie. Jeder dazu Geborene sollte den Weg zu den Studien finden. Diese Aristokratie ist Freiheit eigenen Ursprungs, begegnet beim Erbadel wie beim Arbeiter, bei Reichen und bei Armen, überall gleich selten. Sie kann nur eine Minorität sein.

Die Majorität aber hat immer eine Abneigung gegenüber bevorzugten Einzelnen und bevorzugten Minoritätsgruppen. Der Haß ist groß gegen Reichtum, gegen Begabungsüberlegenheit, gegen Bildung, welche einer Tradition verdankt wird, am größten gegen gefühlte Wesensfremdheit, gegen das ursprüngliche Wissenwollen in seiner Unbedingtheit, von dem man selbst nicht bewegt ist und das in der Tat wie ein Adel den niedrigeren Menschen aufzufordern scheint, hinanzuklimmen. Der Niedere kann es nicht, weil er nicht will, während der Edle den Edleren liebt, aus stiller Verehrung liebt, um die rechten Ansprüche an sich selbst zu stellen.

Daher ist die Situation, daß in einem sozialen Körper, in dem Majoritäten entscheiden, ein ständiger Ausscheidungsprozeß stattfindet. Instinktiv wird ursprüngliche Unbedingtheit des Geistes abgelehnt. Ein geheimes Bekenntnis ist: ein großer Mann ist ein öffentliches Unglück, — das öffentliche Bekenntnis: wir brauchen Persönlichkeiten. Man will ein normales Format an Tüchtigkeit. Das Minderwertige fällt als unbrauchbar, der Größere wird stillschweigend ausgeschaltet, und zwar durch die zahllosen, kleinen, unbemerkten Handlungen der meisten. Wie also soll ein sozialer Körper, der von Majoritäten regiert wird, das Dasein der wenigen wünschen, welche ursprünglich wissen wollen und sie auf die Dauer auch nur zulassen? Im Mittelalter gab es den Vertretungsgedanken: der Denker kontemplierte die Gottheit zugleich in Vertretung der übrigen, deren Beruf sie zu anderen Tätigkeiten anhielt. Dieser Gedanke wäre wohl heutigen Massen fremd. Heute könnte vielleicht so gedacht werden: sofern noch geglaubt wird, daß Wissenschaft etwas sei, was sein solle (und wenigstens als Wissenschaftsaberglaube ist dieser Gedanke fast allgemein), so muß sie im sozialen Körper einen Platz haben, wo sie unabhängig von augenblicklicher Anwendbarkeit frei auf alle Gefahr hin ihre Wege versucht. Es ist die Frage, ob mit solcher Begründung der soziale Körper in seinem sonst unerbittlichen Aufsaugungsdrang allen Daseins und seinen Massenfunktionen, ob dieser Leviathan sich an einzelnen Stellen, so in der Frage der Wissenschaft, selbst einschränke, um einen Platz frei zu halten, damit an ihm geschehe, was er zwar nicht übersieht, aber von dem er am Ende auch Nutzen für sich selbst erwartet.

5. Wahrheitsforschung und Politik.

Politik gehört an die Universität nicht als Kampf, sondern nur als Gegenstand der Forschung. Wo politischer Kampf an der Universität stattfindet, leidet die Idee der Universität Schaden. Daß das Dasein und die äußere Gestalt der Hochschule von politischen Entscheidungen abhängig sind und auf dem verläßlichen Staatswillen beruhen, bedeutet, daß innerhalb der Hochschule — diesem durch den Staatswillen freigegebenen Raum — nicht der praktische Kampf, nicht politische Propaganda, sondern allein das ursprüngliche Wahrheitssuchen seinen Ort hat.

Das bedeutet die Forderung der unbedingten Lehrfreiheit. Der Staat sichert an dieser Stelle einer Korporation das Recht, ohne Beeinflussung durch politischen Parteiwillen oder weltanschaulichen Zwang rein aus der Sache heraus den Versuch zu machen, die Wahrheit zu erforschen und zu lehren.

Lehrfreiheit ist ein Teil der Freiheit des Forschens und Denkens. Denn diese sind angewiesen auf geistig kämpfende Kommunikation. Die öffentliche Mitteilung ist eine Bedingung dieser Kommunikation, die über die Welt hin die Sachkundigen und geistig Bereiten sucht. Durch den Staatswillen wird einer Anzahl durch die Generationen hin sich hörender Menschen Raum gegeben, in ihrer Arbeit auf lange Sicht Distanz zu den Dingen zu gewinnen, um sie zu erkennen. In der Erforschung der Natur des Menschen, des Geistes und seiner Geschichte sollen die äußersten Denkbarkeiten nicht nur in unverbindlichem, spielerischem, zufälligem und bald wieder vergessenem Zugriff von Einfällen, sondern in der Kontinuität geistiger Werke zur Erkenntnis kommen. Es soll auch in Zeiten geistiger Barbarisierung bewahrt werden, was in besserem Augenblick wieder für breite Schichten sich entfalten kann.

Die Bewährung dieser Freiheit geschieht, wo Menschen mit ihrer geistigen Aufgabe schicksalsmäßig eins werden. Ihnen wird im Zusammenhang mit dem Zeitalter die Erkenntnis möglich, wenn sie, gerade in der ursprünglichen und von ihnen zum Bewußtsein gebrachten Abhängigkeit ihres geschichtlichen Orts doch die Befreiung von den nahen und oberflächlichen Abhängigkeiten der Zeit gewinnen.

Im Menschen ist ein Punkt des Besinnens, des eigentlichen Wahrheitssuchens, das als das verwickelte Getriebe geistiger Arbeit nicht Sache der gesamten Bevölkerung, sondern nur eines dazu berufenen kleinen Kreises sein kann. Es ist die Bildungsschicht in den Berufen, die auf Hochschulstudien. gegründet sind. Diese allein kann den verstehenden und kritischen Widerhall für die Leistungen der Erkenntnis bringen. Nicht gefesselt zu einem unmittelbaren, den Massen greifbaren Dienst am Volke, sondern vom ganzen Volke gewollt als ein Dienst auf lange Sicht und in Vertretung für alle andern, hat dieses Wahrheitssuchen seine Lehrfreiheit.

Nicht jeder Staat hat den Willen zur Sicherung dieses staatsfreien Raumes der Lehrfreiheit im Interesse der Wahrheit. Ein Staat, der Wahrheit nicht ertragen kann, weil er auf verbrecherischen, daher verborgen zu haltenden Prinzipien und Realitäten beruht, kann die Wahrheit nicht wollen. Er ist Gegner der Universität und verbirgt zugleich diese Gegnerschaft, indem er unter dem Schein der Förderung sie langsam zerstört.

Die Lehrfreiheit bedeutet: die Forscher gehen die Wege ihrer Forschung und ihrer Lehre nach eigenem Ermessen. Die Staatsverwaltung bezieht sich nicht auf den Inhalt des wissenschaftlichen Tuns, dieser ist Sache des je Einzelnen. Der Staat schützt diese Freiheit sowohl gegen sich selber als auch gegen Eingriffe von anderer Seite. Lehrfreiheit steht in Analogie zur Religionsfreiheit. Sie wird nicht nur gegen den Staat, sondern durch den Staat nach allen Seiten gesichert.

Solche Lehrfreiheit kann jedoch nur bestehen, wenn die Forscher, die sie in Anspruch nehmen, sich ihres Sinns bewußt bleiben. Lehrfreiheit heißt nicht etwa das Recht zu beliebiger Meinungsäußerung. Wahrheit ist eine viel zu schwere und große Aufgabe, als daß sie verwechselt werden dürfte mit dem Inhalt unkritischer und leidenschaftlicher Meinungen in den Daseinsinteressen des gegenwärtigen Augenblicks. Die Lehrfreiheit besteht nur in wissenschaftlicher Absicht. Sie besteht in Bindung an Wahrheit. Keine praktische Zielsetzung, keine inhaltlich bestimmte Erziehungstendenz, keine politische Propaganda kann sich auf Lehrfreiheit berufen.

Nur äußerlich scheint Lehrfreiheit dasselbe zu bedeuten wie das Staatsbürgerrecht der freien Meinungsäußerung. Es könnte sein, daß die Lehrfreiheit fortbestände bei Preisgabe jenes Staatsbürgerrechts.

Wer allgemein das Recht der freien Meinungsäußerung für sich in Anspruch nimmt, tut es als Staatsbürger vor dem Staat. Er kann aber nicht erwarten, darin auch als Dozent von der Universität unterstützt zu werden. Der Universitätslehrer hat den Anspruch, in jeder Veröffentlichung seiner aus dem Zusammenhang der Forschung in Gestalt eines geistigen Werkes hervorgehenden Wahrheitserkenntnis von seiner Korporation geschützt zu werden, nicht aber in zufälligen Redewendungen zu Tagesereignissen, in politischen Augenblicksurteilen, in Artikeln für die Tagespresse. Er kann hier durch seine Lehrfreiheit keinen Vorrang vor jedem anderen Staatsbürger beanspruchen. Lehrfreiheit heißt Freiheit für Leben und Werk in der geistigen Gestalt der Gründlichkeit, Methodik und Systematik, heißt nicht Verantwortungsfreiheit in der Stellungnahme zu Tagesfragen. Lehrfreiheit besteht unter der Bedingung, nicht durch billige Meinungsäußerungen unter dann falschem Anspruch auf besondere Autorität in Tageskämpfe einzugreifen. Dem Glied einer Universität legt gerade seine eigentliche Lehrfreiheit Beschränkungen auf in bezug auf beliebige Meinungsäußerungen.

Es ist wohl eine alte Tradition, daß Professoren politisieren. Sie ist im ganzen nicht rühmlich. Die großartigen Erscheinungen sind hier selten und nicht typisch. Die Göttinger Sieben ließen sich vertreiben nicht wegen einer politischen Gesinnung, sondern weil ihre Religion ihnen den geforderten Eidbruch verwehrte. M a x W e b e r war eine einzige unnachahmliche Erscheinung. Seine politischen Äußerungen waren selber Glieder eines großen geistigen Werks. Sie wurden von demokratischen Zeitgenossen damals als „zu hoch" kritisiert: M a x W e b e r könne nicht für Zeitungen schreiben. S o k r a t e s hat in den Jahrzehnten des peloponnesischen Krieges bei den aufgewühlten Leidenschaften Athens nie zu aktuellen Fragen der Politik Stellung genommen (außer in der Frage nach der Schlacht bei den Arginusen, als sein Amt Stellungnahme verlangte und er das ethische Prinzip in allem menschlichen Tun vertrat). Er ging auf seine Mitbürger fragend und prüfend zu, griff an die Wurzeln des Menschen und wurde dadurch wohl unbequemer als irgendein Demagoge.

In gegenwärtigen Aufgaben, in denen Sachkunde wissenschaftlicher Herkunft eine Rolle spielt, hat der Forscher mit Recht das Wort. Von Gutachten zu medizinischen und technischen Fragen bis zu staatsrechtlichen Interpretationen kann er sein Wissen zur Anwendung bringen. Er kann seine Forschungserfahrung methodisch in einen gegenwärtigen konkreten Fall eindringen lassen, der aus irgendeinem Grunde für Staat und Gesellschaft bedeutungsvoll ist. Jedoch wird die Form seiner Äußerung nicht die der Aktivität, sondern die der Begründung sein. Es ist seine Aufgabe, an Tatsachen zu erinnern und klare Einsicht in einem sachlichen Gesamtzusammenhang darzubieten. Er mag alles dieses einmal ungefragt tun, obgleich die ihm gemäße Form die Antwort auf eine an ihn gerichtete Frage ist. Jedoch ist im gegenwärtig Aktuellen jede Antwort in der Gefahr, außersachlichen Motiven zu erliegen. Die Frage pflegt schon in Abhängigkeit von einem erwarteten Ziel zu bringen. Der kritische Forscher wird nicht vergessen, wie nahe er bei öffentlicher Befragung in der Situation des Priesters ist, dem H e b b e l s Holofernes bei einer von ihm schon entschiedenen Sache erklärt: Die befehle ich, die Gründe dafür aufzufinden.

Die Lehrfreiheit ist nicht ein sicher in Besitz befindliches und leicht zu genießendes Gut. Eine Gefahr für die innere geistige Haltung der Professoren erwächst schon aus der unausweichlichen Tatsache, daß sie vom Staat besoldet werden. Es ist unvermeidlich, daß sie eine Neigung haben, die staatlichen Zustände, die ihnen günstig sind, die ihnen Geltung verschaffen, zu bejahen, Bestehendes und Gewordenes als solches anzuerkennen und mit ihrem Wort als Werkzeug des herrschenden Staates zu dienen. Das Mißtrauen gegen die vom Staat angestellten Gelehrten hat zwar ein ungerechtes Übermaß gewonnen, zumal S c h o p e n h a u e r s bis zur Karikatur entartetes Schelten auf die Staatsphilosophen trifft nicht, weil es blind geworden ist. Aber eine Grundlage hat dieses Mißtrauen, das furchtbar nur als Mißtrauen gegen sich selbst ist. Es ist nicht zufällig, daß von S o k r a t e s an mancher solchen Wert darauf legte, gänzlich unabhängig zu sein und unentgeltlich sein geistiges Können wirken zu lassen.

6. Universität und Nation.

Die Idee der Universität ist abendländisch, von den Griechen
her uns Europäern eigentümlich. Die Universitäten als Institutionen sind staatliche Anstalten oder, wenn sie private Stiftungen sind, doch immer einer Nation angehörig. Die Universität ist Ausdruck eines Volkes. Sie erstrebt Wahrheit, sie will
der Menschheit dienen, Menschentum schlechthin repräsentieren.
Humanitas — wie oft und tief auch die Bedeutung dieses Be-
griffs sich gewandelt hat — ist zu ihrem Wesen gehörig. Darum
gehört zwar jede Universität zu einem Volk, aber sie strebt
Übernationales zu erfassen und zu verwirklichen. Sie ist bei
aller sonstigen Verschiedenheit darin verwandt der Idee der
Kirche. Darum hat die Universität als solche aus ihrer Geistigkeit heraus nicht im Kampf der Nationen Stellung zu nehmen.
Alle Glieder der Universität sind als Menschen ihrem Volke
zugehörig. Aber als Glieder der Universität, als Fakultät und
Senat, haben sie nicht die Aufgabe, politische Kundgebungen zu
machen, selbstverständlich keine parteipolitischen, aber auch
keine nationalen, weil sie als Universität allein durch geistiges
Schöpfertum der Nation und der Menschheit dienen. Die Reinheit der Idee wird getrübt dadurch, daß sie in ihr inadäquate
Beziehungen gebracht wird. Das Nationale ist wie alles ein
Gegenstand der Forschung, aber nicht Ziel und Sinn des Universitätslebens.

Jeder Deutsche wird als Glied der Universität das Ansehen
seiner Korporation und deren Leistungen als einen Ruhm der
Nation empfinden, aber gerade als sachlicher Mensch dient er
an der Universität einer nicht nationalen, sondern einer abendländischen Idee, die er am liebsten für eine Menschheitsidee
halten würde. Darum wird er die Vertretung der Interessen
der Nation nicht als eine Aufgabe der Universität ansehen und
sich der Organe der Universität nur zu sachlich-wissenschaft-
lichen und Erziehungsaufgaben, zu keinerlei anderen, bedienen.

Die abendländische Idee der Universität kann ein Volk nicht
für sich als sein Eigentum beanspruchen. Aber es darf auf
Grund seiner geistigen Vergangenheit sich mit mehr oder weniger Bewußtsein unter diesen Anspruch stellen. Unsere deutschen Universitäten haben sich von jeher manche politische

Entgleisungen wie wohl alle Universitäten der Welt zuschulden kommen lassen. Soweit aber sie oder ihre Glieder in den letzten zwölf Jahren sich in ihrer geistigen Arbeit und in Handlungen zu Anpassungen und Umbiegungen haben zwingen lassen oder gar aus unbegreiflicher Überzeugung an den Kräften des Regimes fördernd teilgenommen haben, sind sie bedingungslos zu verurteilen, vor allem auch wegen des dadurch begangenen Verrats an der Universitätsidee. Die hohe Überlieferung der deutschen Universitäten seit dem 18. Jahrhundert ist sowohl der Maßstab dieser Verurteilung als auch die Quelle des Vertrauens, daß wir aus unserem Ursprung uns wiederherstellen können, um mitzuwirken an dem Offenbarwerden der Wahrheit in der Welt. Unser deutsches Bewußtsein an der Universität ist die Anerkennung des Anspruchs, der an uns aus unserer besten Überlieferung ergeht, die weltoffen die abendländische und Menschheitsüberlieferung in sich aufgenommen hatte.

7. Die einzelne Universität.

In der Geschichte sind die großen geistigen Epochen auf den deutschen Universitäten meistens von einer einzelnen Universität eingeleitet worden, so war es anfangs des 18. Jahrhunderts Halle, dann Göttingen, dann gegen Ende des Jahrhunderts Jena, dann zu Beginn des 19. Jahrhunderts das neugegründete Berlin. Es gibt einen Geist der einzelnen Universität, einen Genius loci, der als Hintergrund eine geschichtliche Atmosphäre hat, aber jederzeit lebendig sein und neugeschaffen werden muß.

Wenn die hohe Blüte des Universitätslebens von einer Universität auszugehen pflegt, so scheint die staatliche Verwaltung, wenn sie viele Universitäten zugleich betreut, sich demgegenüber neutral zu verhalten.

Es kann von großem Vorteil sein, wenn eine Universität und nicht viele zugleich der Gegenstand der Fürsorge eines hochsinnigen Mannes sind. Sofern in einer Zeit überhaupt die Bedingungen dafür gegeben sind, kann er eine einzelne Universität durch Pflege der schaffenden Kräfte zu besonderer Blüte bringen. Dann vermag die Anziehungskraft eines Ortes für junge Menschen, für Dozenten und Studenten so groß zu werden, daß eine schöpferische Zeit an dieser Universität anbricht, weil die besten Kräfte sich hier vereinen.

Der Agon an den Universitäten und der Agon der Universitäten untereinander ist ein Ansporn zur Anstrengung der
Kräfte, zumal mehrere zugleich hohen Rang und jede in der
Rangordnung irgendwo ihren einzigartigen Wert haben können.
Der Gedanke, man solle die Männer von Rang verteilen, weil
sie dann mehr zur Geltung kämen, der Gedanke etwa insbesondere für die Philosophie, an einer Universität müsse ein Phi-
losoph sozusagen Alleinherrscher sein, ist irrig. Jedes edle
Streben muß die schärfste Konkurrenz neben sich wünschen,
dorthin drängen, wo die Bedeutenden und Überlegenen sind.
Und objektiv entfaltet sich der Einzelne besser und reicher in
einer Luft, die es ihm schwer macht, die ihn erregt, zur Re-
aktion und zur Anspannung drängt.

Eine zentrale Verwaltung, die alle ihr unterstellten Universi-
täten gleichmäßig fördern will, ist nicht günstig, weder für das
Blühen einer einzelnen Universität noch für das Blühen der
Universitäten überhaupt.   Sie wird ausgleichen und verteilen.
Sie wird etwa noch einzelne geistige Gebiete an dieser Universi-
tät, andere an einer anderen durch Versammlung einer größeren
Zahl hervorragender Persönlichkeiten zum Gedeihen bringen.
Aber die starke, überragende Kraft einer ganzen Universität
wird sie nicht fördern.   Daß in Deutschland die Universitäten
von den Ländern verwaltet wurden und dadurch mehrere kon-
kurrierende verwaltende Zentralbehörden bestanden, war ein
Vorzug, zumal der Geist des Partikularismus in der Auswahl
der Persönlichkeiten kaum je zur Geltung kam, vielmehr die
Vermischung der deutschen Stämme an den Universitäten, ihr
geistiges Sichdurchdringen im Dienste einer abendländischen
Idee das instinktiv erstrebte Ziel blieb.

Zehntes Kapitel.
Die ökonomischen Grundlagen.

Zum Studieren und Forschen gehört Muße, zur Muße gehören
Mittel, die zumeist nicht zugleich durch eigene ökonomisch
nützliche Arbeit erworben werden können. Zur Universität gehören Institute, Bibliotheken und die anderen materiellen Vorbedingungen.   Daher ist immer die Frage: wovon lebt die Universität, leben die Professoren, die Privatdozenten, die Stu-

denten? Und: welche Folgen hat diese ökonomische Abhängigkeit für die geistige Arbeit?

1. Der bisherige Zustand.

Bei uns war es bis zum ersten Weltkrieg so: die Universität
wurde vom Staat erhalten, dieser zahlte den beamteten Professoren ihre Gehälter. Der Nachwuchs der Privatdozenten
riskierte auf eigene Gefahr die Laufbahn, lebte von mehr oder
weniger kleinen Renteneinkommen und wurde getragen von der
früher breiten Schicht der Besitzer kleiner Vermögen. Nur ein
Teil erreichte das Ziel des beamteten Professors. Die Auswahl
geschah aus einer zwar „plutokratisch" begrenzten, aber doch
relativ großen Masse von Menschen. Die Studenten lebten von
dem Wechsel, den ihnen Eltern oder Verwandte gaben. Früher
war es anders gewesen, und heute wird es wieder ganz anders.
Im Mittelalter und heute noch zum Teil in Amerika ruhen die
Universitäten auf Stiftungen. Das wäre, richtig verwirklicht,
eine ideale Unabhängigkeit. In der Gegenwart hat die Zerstörung des deutschen Wohlstands, insbesondere die Expropria-
tion der Mittelschicht, die Existenzmöglichkeit auf ein Minimum
reduziert. Das Entscheidende ist, ob Forschung und Studium
überhaupt leben können. Mit reduzierten Mitteln können sie sich
einrichten, unter einem Minimum tritt einfach das Ende ein. Es
gilt für den einzelnen wie für die Universität Nietzsches
Wort: es sei kein großer Unterschied, ob einer 300 oder 3000
Taler Renteneinkommen habe, jedoch sei es ein die Existenz
entscheidender Unterschied, ob er nichts oder 300 Taler habe.
Das Ökonomische ist eine Gegebenheit. Die staatlichen Mittel,
soweit mit ihnen zu helfen ist, können wohl bei Kulturgesinnung
der Staatsmacht — zumal es sich um einen im gesamten Staats-
budget verschwindenden Prozentsatz handelt — bewilligt werden. Aber die breite Schicht von Rentenempfängern, die
materielle Existenzmöglichkeit für Studenten und Privatdozenten, das sind Gegebenheiten gewesen, die nun verloren
sind. Der Verlust wird unausweichlich Konsequenzen für die
Auslese des Nachwuchses haben.

2. Die Studenten.

Wieweit sich Studenten noch selbst helfen können, zum Teil
durch äußerste Bescheidenheit mit geringen Monatswechseln,

die der Vater von seinem Gehalt abzieht oder die sonst irgendwie aufgebracht werden, und durch eigene Arbeit, die jedoch
in der Mehrzahl der Fälle eine Erschwerung des Studiums bedeutet, das ist noch nicht endgültig zu beurteilen. Es wird
nicht weit reichen. Der Gedanke, den notwendigen Nachwuchs
an Beamten, Lehrern, Ärzten später durch Stipendien des
Staates an Studierende zu sichern, würde an dem unlösbaren
Problem der Auslese die größten Schwierigkeiten haben. Aber
es wird geleistet werden müssen. Bisher beruhte die Auslese
auf dem eigenen Willen der Studenten. Wem die geistige Durch-
bildung Entscheidendes bedeutet, wagt mehr dafür und legt
sich größere Entbehrungen auf. Mit der Abhängigkeit vom
Stipendium aber fällt die Freiheit, entscheiden überwiegend
Schulzeugnisse und Strebereigenschaften des Durchschnitts-
menschen.

3. Die Dozenten.

Ebenso gefährlich liegt die Situation für den Nachwuchs der
Dozenten. Wenn der Privatdozent vom Staate ein Existenzminimum bekommt, ist der numerus clausus für Habilitationen
unvermeidlich, ist die Rücksicht auf Bedürfnisfragen, deren
man sich gerade bewußt ist, größer als die Rücksicht auf freie
geistige Möglichkeiten, die früher von der Jugend ergriffen werden konnten auch ohne Zustimmung der älteren Generation.
Wenn man eine ökonomische Existenz mit der Habilitation erreicht, so kann die Geringfügigkeit der Bezüge doch gerade
passive und leicht zufriedene Naturen anlocken, braucht nicht
bloß von geistig beweglichen, die es wagen und ein Opfer zu
bringen bereit sind, in Kauf genommen zu werden. Die Urteile
der Professoren bei Habilitationen waren bisher unzuverlässig,
die venia legendi wurde nicht immer mit dem genügenden Ver-
antwortungsgefühl bewilligt — im Gegensatz zum Verhalten
bei Berufungen, wo die Fakultäten aus den vorhandenen Kan-
didaten durchweg mit bestem Wissen und gutem Willen aus-
suchten. Die großen Gefahren des numerus clausus scheinen
jedoch zum Teil vermeidbar zu sein. Man darf jedenfalls den
numerus clausus für Habilitation nur für bezahlte Privatdozenten zulassen. Über die Zahl der durch Existenzminimum ge-
sicherten Privatdozenten hinaus, außerhalb des numerus clausus, müßte Spielraum für freie Habilitationen auf eigenes

Risiko bleiben. Wer es wagt und etwas leistet, soll auch neben einer schon größeren Anzahl von Privatdozenten eine Lehrtätigkeit eröffnen und hungern dürfen. Zwar werden solche freien Habilitationen wohl beschränkt bleiben auf den engen Kreis Besitzender, aber auch hier ist Freiheit in wenigen Fällen besser als nichts. Zur Verhinderung eigentlicher Verbeamtung des Nachwuchses darf zweitens das Recht auf das Existenzminimum nicht als ein dauerndes erworben werden. Das Risiko — aber ausschließlich das Risiko, ob echte Befähigung zu wissenschaftlichen Leistungen da ist — müßte bleiben. Wer dem Durchschnitt der Ordinarien des Faches entsprechende tüchtige oder gar überragende Leistungen aufzuweisen hat, hat auch im Falle des Ausbleibens einer Berufung moralischen Anspruch auf Sicherung, Anspruch an die Solidarität der geistig Schaffenden. Allerdings auf bloße Lehrtätigkeit und Gewohnheitsrecht hin kann ein solcher Anspruch nicht gestützt werden. Im Falle freier Habilitationen über den numerus clausus hinaus müßte eine überragende Begabung auch Chancen behalten, in eine bezahlte Stellung einzurücken, die durch zu geringe Leistungen eines früher Habilitierten frei wird. Bewilligung der Bezüge und Nachprüfung nach sechs oder zehn Jahren müßte auf Grund einer Beurteilung geschehen, die nach der Art, wie sie bei Berufungen üblich ist, gewonnen wird (briefliche Gutachten auswärtiger Fachgenossen, Lektüre der Publikationen, Beachtung des Lehrerfolgs). Niemals dürfte die venia legendi entzogen werden — diese kann nur freiwillig aufgegeben oder auf dem Disziplinarwege abgesprochen werden —, vielmehr kann sich alle Bewilligung und Verweigerung immer nur auf die Gehaltsbezüge richten. Drittens würde das Existenzminimum natürlich nur dem gegeben werden dürfen, der es nicht aus eigenem Vermögen hat. Ein Anspruch auf Grund von Leistungen allein soll nicht erhoben werden dürfen, sondern nur bei hinzukommender Mittellosigkeit oder beschränkten Mitteln. Der Zweck — die Sicherung des akademischen Nachwuchses in dieser Zeit der allgemeinen Verarmung — muß erstrebt werden unter möglichst geringer Beschränkung der Freiheit der Habilitationen, dieses Grundpfeilers des akademischen Lebens. Die Verbeamtung, zu Ende geführt, bedeutet die Gefahr des Absterbens freier Geistigkeit, eigener Initiative, persönlichen Wagens.

4. Institutsmittel.

Die notwendigen Forschungsmittel sind mit der Verwandlung und Ausweitung der modernen Wissenschaften gewaltig an Umfang gewachsen. Ohne Mittel bedeutenden Ausmaßes sind viele Forschungen nicht möglich und sind ganze Wissenschaften nicht auf ihrer Höhe zu halten (Physik, Chemie, Astronomie, Archäologie usw.). Wenn hier die Geldmittel fehlen, bleibt nur ein schmerzvoller Verzicht. Es bleiben wohl immer noch geistige Möglichkeiten. Aber H a e c k e l s Wort: die Höhe der wissenschaftlichen Leistungen pflege im umgekehrten Verhältnis zur Größe der Institute zu stehen, ist in solcher Allgemeinheit nicht wahr. Wohl gibt es geistlose Unternehmungen mit dem Aufwand von Millionen, Institute, die reiner Leerlauf sind. Jedoch ist der Mangel an Mitteln niemals ohne Folge verhängnisvoller Lücken in der Forschungsarbeit zu überwinden.

Mit dem Umfang investierter Geldmittel ist in Wissenschaften eine Kollektivarbeit möglich geworden, die an Industriearbeit erinnert. Die zahlreichen Assistenten und Laboranten einer wissenschaftlich organisierten Forschung wissen gar nicht mehr um den Sinn, haben keinen Teil an der wirklichen Forschung, sondern sind Arbeiter, die die ihnen gestellten Aufgaben zuverlässig, weil genau, erledigen. Damit geraten auch viele Forscher selber in diesen Arbeitstypus. Diese Wissenschaften, an große Mittel gebunden, provozieren durch ihnen gegebene Mittel eine Verwandlung des Wissenschaftsbetriebes, der die Wissenschaft selber entleeren kann. Wie immer bei menschlichen Unternehmungen ist mit der Notwendigkeit die Gefahr verbunden. Die Lösung des Problems in vorbildlicher Arbeit bringen immer nur einzelne Männer, denen es gelingt, durch Forschungseinfälle und die Weise ihrer Verwirklichung den Geist einer solchen industriellen Kollektivarbeit zu schaffen und die in ihr tätigen Menschen mit ihm zu durchdringen.

Es wäre töricht, aus einer blinden Gleichheitsforderung sich gegen den Unterschied von Forscher und wissenschaftlichem Arbeiter zu empören. Die verläßliche Arbeit hat ihren eigenen ethischen Wert, aber der Forscher allein ist es, der dieser Arbeit ihren Sinn gibt. Ein Beispiel: bei genetischen Untersuchungen kam es darauf an, monatelang Zählungen von Chromosomenkoppelungen im Mikroskop zu machen. Laborantinnen und ein

Assistent führten das durch. Alles war tadellos genau und zuverlässig. Eines Tages zeigten sich irgendwo außerordentliche Abweichungen von den gewohnten Zahlen. Die Laborantin war besorgt, daß sie nachlässig gewesen sei. Der Assistent beruhigte sie, sie brauche das gar nicht mitzuteilen, solche Störungen kämen immer einmal vor und bedeuteten nichts. Die gewissenhafte Laborantin machte trotzdem dem Chef Mitteilung. Der prüfte nach, vergewisserte sich des ihn völlig Überraschenden, das in der Fragestellung gar nicht vorgesehen war, kannte die Zuverlässigkeit seiner Laborantin und war in kurzer Zeit auf der Spur einer neuen folgenreichen Entdeckung. Man muß Urteil und Einfall haben, die durch keine Zuverlässigkeit zu erzwingen sind.

5. Stiftungen.

Es ist den Universitäten nicht zu verargen, wenn sie in ihrer Not, in der der Staat nicht annähernd mehr alles tun kann, was für wissenschaftliche Zwecke erwünscht ist, sich nach Stiftungen umsehen. Die Universität hat sich dankbar zu erweisen durch ihr Dasein und ihre Leistungen. Aber sie hat sich auch persönlich dankbar gezeigt durch Verleihung von Titeln. Es ist nicht zu leugnen, daß die Erwerbung von Titeln manchen großzügigen souveränen Stiftern unerheblich ist, anderen aber der Erwerb vor allem des Doctor honoris causa erwünscht ist, und daß die Chancen zu solchem Erwerb einen Anreiz für Schenkungen bilden. Um den Doktortitel allein für wissenschaftliche Verdienste zu bewahren, haben die Universitäten um sie verdiente Männer zu Ehrenbürgern und Ehrensenatoren ernannt. Es sind das alles heikle Fragen, bei denen zur Wahrung von Ehre und Würde alles stillschweigend zu geschehen pflegt. Ich gestehe, daß es für die Universitäten letzthin auf die Höhe der Geschenke ankommen muß. Der Unterschied der Quantität bedeutet auch einen der Qualität. Früher haben die Universitäten Fürsten zu Rektoren gehabt, weil der Staat die Existenz der ganzen Universität begründete. Wenn ein Trustmagnat eine Universität durch eine Stiftung völlig auf eigene Füße stellen würde, wäre kein Grund zu sehen, diesen Magnaten nicht auch zum Rektor zu machen (die faktischen Geschäfte würde wie zu Zeiten der Fürsten der Prorektor übernehmen). Bei nicht die Gesamtexistenz begründenden Stiftungen aber liegt die Situation

anders als bei einem bloßen Titelkauf, wenn eine angesehene
Persönlichkeit durch längere Zeit sich immer von neuem mit
erheblichen Geschenken in offenbarem Interesse um die Universität Verdienste erwirbt. Diese seltenen Fälle auch beim
Fehlen eigentlicher Forschungsleistungen ein für allemal vom
Doctor honoris causa auszuschließen, wäre vielleicht ein der
Not der Universität inadäquater Scheinidealismus. Allerdings
ist der Mißbrauch gefährlich. Hier ist immer die Grenze nahe,
wo die Ehre der Universität auf dem Spiel steht.

*   *   *

Wir sind am Ende. Beginnend mit der Frage nach dem
Wesen der Wissenschaft und des sie tragenden geistigen Lebens
überhaupt führte unser Weg über die Institution der Universität
zuletzt bis zu den ökonomischen Grundlagen. Der Weg führte
bergab. Aber damit kam es zur Erörterung der nahen Daseins-
fragen, deren Lösung für die Verwirklichung des geistigen
Lebens Voraussetzung ist.

Die Mannigfaltigkeit der Gesichtspunkte, die wir einnehmen
mußten, kann ablenken von dem Einen, auf das alles ankommt,
der Universitätsidee als solcher, in der und aus der zu leben den
Sinn der Hochschule ausmacht. Die Idee war nicht in einigen
Formulierungen fertig vor Augen zu stellen, sondern indirekt
zu erwecken. Sie soll in uns immer wacher werden. Sie soll den
Maßstab geben für die Beurteilung aller besonderen Realitäten
der Institution und ihrer Daseinsnotwendigkeiten. Man kann
sie niemandem vermitteln, der sie nicht verborgen schon mit-
bringt. Wir können nur klären, was uns gemeinsam ist. Daher
brachten wir nichts eigentlich Neues.

Wir sind ergriffen von der Idee, der unser Leben diente, aber
zu schwach, sie mit dem Enthusiasmus zum Ausdruck zu bringen, den sie verdient. Wir wissen, daß an ihre Verwirklichung
in ständig sich wandelnder Gestalt das Leben der allseitig zur
Erscheinung drängenden Wahrheit gebunden ist.

Deutschland lebt für immer durch seine Dichtung und Musik;
diese sind durch Fügung nur in ihren großen Zeiten schöpferisch.
Deutschland lebt auch für immer durch seinen Beitrag zur
Wissenschaft und Philosophie. Wir begehren nur eins: daß
deren Überlieferung und fortschreitendem Forschen ein Raum
vergönnt werde, in dem sich bewähren darf, was jederzeit, im
Glück und im Verhängnis, unser redlichstes Bemühen sein kann.